中国特色社会主义"五大建设"丛书

战略性新兴产业
发展的新模式

芮明杰　著

重庆出版集团　重庆出版社

图书在版编目(CIP)数据

战略性新兴产业发展的新模式/芮明杰著.—重庆：重庆出版社，2014.6
(中国特色社会主义"五大建设"丛书)
ISBN 978-7-229-08175-1

Ⅰ.①战… Ⅱ.①芮… Ⅲ.①新兴产业—产业发展—发展模式—研究—中国 Ⅳ.①F279.244.4

中国版本图书馆CIP数据核字(2014)第127911号

战略性新兴产业发展的新模式
ZHANLÜEXING XINXING CHANYE FAZHAN DE XIN MOSHI
芮明杰 著

出 版 人：罗小卫
责任编辑：曾海龙 刘向东
责任校对：郑 葱
插图作者：王 果
装帧设计：重庆出版集团艺术设计有限公司·蒋忠智 黄 杨

重庆出版集团
重庆出版社 出版

重庆长江二路205号 邮政编码：400016 http://www.cqph.com
重庆出版集团艺术设计有限公司制版
自贡兴华印务有限公司印刷
重庆出版集团图书发行有限公司发行
E-MAIL:fxchu@cqph.com 邮购电话：023-68809452
全国新华书店经销

开本：889mm×1194mm 1/32 印张：3.625 字数：77千
2014年6月第1版 2014年9月第2次印刷
ISBN 978-7-229-08175-1
定价：10.00元

如有印装质量问题，请向本集团图书发行有限公司调换：023-68706683

版权所有 侵权必究

丛书编委会名单

总顾问：朱之文　童世骏
顾　问：刘承功　林尚立
编委会主任：吴晓明
副主任：萧思健　胡华忠　高国希　袁　新　周　晔
编　委：刘　月　金伟甫　罗小卫　陈兴芜　别必亮
　　　　吴进科　王晓静

总　序

在全党全国深入学习宣传贯彻党的十八大和十八届三中全会精神之际，由复旦大学马克思主义研究院和党委宣传部组织撰写的《中国特色社会主义"五大建设"丛书》同大家见面了，这是复旦大学以及上海市部分知名学者在马克思主义理论和中国现实研究方面所作出的重要探索。

作为马克思主义中国化的重要理论创新，党的十八大第一次提出了社会主义"五大建设"，即经济建设、政治建设、文化建设、社会建设、生态文明建设等方面的重大部署。并且提出：在经济建设上，必须坚持发展是硬道理的战略思想，以科学发展为主题，以加快转变经济发展方式为主线，把我国经济发展活力和竞争力提高到新的水平。在政治建设上，必须坚持走中国特色社会主义政治发展道路，继续积极稳妥推进政治体制改革，坚持党的领导、人民当家做主、依法治国的有机统一，发展更加广泛、更加充分、更加健全的人民民主。在文化建设上，必须走中国特色社会主义文化发展道路，积极培育和践行社会主义核心价值观，丰富人民精神文化生活，提高国民素质，扎实推进社会主义文化强国建设。在社会建设上，必须加快健全基本公共服务体系，加强和创新社会管理，以保障和改善民生为重点，多谋民生之利，多解民生之忧，解决好人民最关心、最直接、最现实的利益问题。在生态文明建设上，必须树立尊重自然、顺应自然、保护自然的生态文明理念，坚持节约资源和保护环境的基本国策，着力推进绿色发展、循环发展、低碳发展，实现中华民族的永续发展。这"五大建设"内容丰富、意义深远，不仅需要在实践上扎实推进，而且需要在理论上深入地加以探讨和阐述。

马克思主义理论研究，无疑具有十分重要的学术向度。我们知道，马克思在进行例如政治经济学批判的研究工作时，曾为自己提出过多么高的学术要求。正是这样的学术要求，使得马克思在哲学和社会科学的几乎每一个领域中，都有自己独到的发现和深刻的见地。列宁曾说过，不研究黑格尔的《逻辑学》，就不能真正读懂《资本论》——马克思主义理论的学术向度，于此可见一斑。在这个意义上应当说，如果没有很高的学术要求，马克思主义的理论研究就不可能真正持立；如果放弃或贬低其学术要求，则无异于理论上的自我打击。更加重要的是，马克思主义理论的全部学术要求，归结到最根本的一点，就是深入并切中当下的社会现实。如果没有这一根本之点，马克思主义的理论研究同样不可能真正持立。但人们往往太过轻易地想象"现实"一词，仿佛达于现实或把握现实是不需要什么理论或学术的，甚至还往往用关注现实来作为拒斥理论和学术的口实。这是一种严重的——甚至是危险的——误解，它把"现实"同一般所谓的"事实"混淆起来了。必须明白，与一般的事实不同，现实不是在知觉中就能直接同我们照面的。用黑格尔的话来说，所谓现实，乃是实存和本质的统一，是在展开过程中表现为必然性的东西。因此，如果仅仅滞留于"实存"而达不到本质性，达不到在展开过程中的必然性，我们就根本不可能窥见或触到现实。海德格尔曾指出，马克思的历史学之所以优越于其他的历史学，是因为它深入到历史的本质性一度中去了；也就是说，深入到社会现实中去了。

为了真正地把握社会现实，不仅需要坚实彻底的理论，而且需要使这样的理论深入到社会的实体性内容中去，并通过这样的深入而实现其全面的具体化。之所以这么说，是因为现实本身是具有实体性内容的，并因而是具体的。遗忘了这一点，再高明的理论也只能被当做"外部反思"来加以运用，也就是说，被当做某种公式来教条主义地加以运用。所谓外部反思，就是作为忽此忽彼的推理能力，它从来不深入到社会的实体性内容本身之中；但它知道一般原则，而且知道把一般原则抽象地运用到任何内容之上。如果说，我们曾经在"二十八个布尔什维克"那里见到过某种教条主义的马克思主义，那么在今天的社会科学中同样很容易发现那种"仅仅知道把一般原则抽象地运用到任何内容之上"的外部反思。在这种情况下，真正的社会现实不仅没有被把握住，而且实际上早已消失得无影无踪了。因此，黑格尔把外部反思叫做主观思想和现代诡辩论，甚至叫做"浪漫主义及其虚弱本质的病态表现"。同样，对于马克思和恩格斯来说，历史唯物主义的原理决不是可以当做抽象原则而无条件地加以运用的东西；恰恰相反，它们仅仅是一些科学的抽象，这些抽象离开了现实的历史和具体的研究就没有任何价值。如果把它们当做"可以适用于各个历史时代的药方或公式"，那么，在这里出现的就不是历史唯物主义，而是历史唯物主义的反面。

由于马克思主义学术和理论研究的主旨是把握社会现实，所以，对于今天中国的马克思主义理论研究来说，其根本的任务就在于深入并切中当今中国的社会现实。这一社会现实是以中国自近代以来的历史性实践（特别是改革开放以来的历史性实践）为基础的，并且是在"中国道路"的历史进程中实现其具体化的。不研究中国自近代以来的历史性实践，不研究中国道路在历史进程中的整体具体化，就根本不可能真正理解和把握当今中国的社会现实，因而也就没有真正意义上的当代中国的马克思主义理论研究，或者至多只能有某种疏阔散宕的经院式的研究。对于中国化的马克思主义理论研究来说，没有一项任务比深入地了解中国社会，从而把握其具体的历史进程和实体性内容来得更加紧迫了。因此，复旦大学马克思主义研究院倡导在深入研究马克思主义基本原理的同时，更加切近地探究当今中国的社会现实，以期使马克思主义的基础理论同真正的"中国问题"和"中国经验"结合起来。我们面前的这套《中国特色社会主义"五大建设"丛书》，就是希望在这方面做出某种积极的尝试和有益的探索。

"五大建设"丛书共11种，主要研究改革开放以来，我国在经济、政治、文化、社会和生态等领域的发展变化，以及在新的历史条件下这些领域所面临的问题、挑战和任务。《全球视野下的中国道路》一书，从中国道路对人类文明的历史性贡献、中国道路对发展中国家的示范效应、中国道路对世界社会主义运动的意义三个方面，探讨中国道路的世界

总 序

意义。《"中国梦"的文化解析》从"中国梦"新时代的新概念、"中国梦"的演进轨迹、"中国梦"的当下使命、文化为"中国梦"立基等几个方面,从文化的根底处解析"中国梦"。《理性与梦想:中华腾飞的精神两翼》一书,阐述了理性与梦想在中国发展取得举世瞩目成就、实现中华民族伟大复兴历史进程中的重要意义,指出理性平和与追逐梦想缺一不可、相互支持。《创新转型与可持续发展》一书,以"经济发展方式"作为研究问题的核心范畴,着重讨论了"中国奇迹"的时代特点、中国社会生活各领域深刻变革以及当前经济发展阶段新特点等问题。《协商民主:中国的创造与实践》一书,从协商在中国民主中的意义、协商民主与中国政治建设、政治协商与协商民主、社会协商与社会建设、公民协商与基层民主发展几个方面,深刻解读我国的协商民主制度。《穿越问题域:科学发展观重大理论问题探要》一书,围绕发展、改革与稳定,经济、政治与文化,市场、资本与权力,公正、效率与持续,自然、个人与社会等五个方面,理解并阐释科学发展观蕴含的整个问题域,以辩证的方法理解我们在经济社会的建设中必定会遭遇到的各种错综复杂的关系。《生态文明:人类历史发展的必然选择》从生态学视角观察人类文明形态的进化史,在阐述人类对人与自然关系的各种认知、思考和探索的同时,对十八大报告中有关生态文明建设论述作出深入解读。《战略性新兴产业发展的新模式》一书,厘清了战略性新兴产业的历史背景与现实意义,阐释战略性新兴产业的内涵与特性,并借鉴欧美发达国家的战略和政策,为我国目前战略性新兴产业的发展提出了新的模式和政策设计。《社会建设与全面建成小康社会》一书，从社会建设的定位和布局、社会建设的挑战和任务、社会建设的改革和突破等方面，集中探讨了社会建设和国家发展中的有关问题。《核心价值观视野下的社会建设》一书，以社会建设为对象，从理论、历史、现实的三重维度，对社会主义核心价值观与社会建设相互融合进行了解读和阐释。《社会主义中国在开拓中前进》一书，围绕中国特色社会主义的本土根据与阶段特征、坚持和发展中国特色社会主义、建设与时俱进的社会主义意识形态、促进社会主义更健康地发展几个部分，来阐释中国特色社会主义包含的丰富理论内容。

这套丛书是一个积极的尝试，其主旨是在密切关注当代中国发展之历史进程的同时，推进马克思主义的理论研究。如果说，关注并切中社会现实乃是马克思主义研究的题中应有之义，那么，我们完全有理由期待在这样的领域中会迎来理论研究新的繁花盛开。我们希望有更多的学者能参与到这样的研究中来。是为序。

吴晓明
2014 年 1 月

前　言

2008年世界金融危机爆发，全球经济一片低迷，全球产业分工体系面临新的变局。正是在这个背景下，我国政府开始提出发展"战略性新兴产业"这一构想，并将其作为我国破解资源约束、突破发展瓶颈，提升我国产业结构优化的重大经济举措，这是我国立足经济结构转型、转变发展方式、着眼未来经济布局的重大战略抉择。国务院从2009年9月份连续召开三次战略性新兴产业发展座谈会，并于2010年10月正式发布《关于加快培育和发展战略性新兴产业的决定》的纲领性文件，确定了新能源、新材料、信息通讯、新医药、生物育种、节能环保、电动汽车等七大产业为未来重点培育的战略性新兴产业，提出了我国发展战略性新兴产业的具体目标，确立了我国发展战略性新兴产业的立场和决心。可以说，发展战略性新兴产业已上升到我国国家战略层面。

之后，全国各地纷纷制定各自的战略性新兴产业发展规划，各地把发展战略性新兴产业看作是经济增长的新亮点，看作是产业结构转型升级的重大举措，大力推进战略性新兴产业发展。我们分析研究了一些省市的战略性新兴产业规划并对比国家战略性新兴产业发展规划，发现基本上是大同小异。如果目前所有省市地区都在推动比如国家公布的七大战略性新兴产业以及这些产业内部的细分领域，将来会形成一个什么样的产业结构状况？这是值得思考的问题。我们已经有前车之鉴。光伏产业就是战略性新兴产业的一部分。光伏产业就是把太阳能直接转换为电能的产业，太阳能直接发电是一种可再生的清洁能源，未来一定有很大的发展空间和使用需求的空间。它为什么还没有真正成长壮大就会产能过剩？这是一个值得研究的案例。

仔细分析我国光伏产业的现状，可以发现我们的光伏产业实际上是太阳能电池板的组装加工制造，依然是光伏产业价值链中低附加价值的环节，光伏产业的主要市场在欧美国家，设计研发关键技术也在欧美国家。作为战略性新兴产业的光伏产业其组装加工这个价值环节与其他制造业一样，一方面其技术一旦形成，就非常容易模仿；另一方面虽然所需的资金投入很大，但有大量的投入就可以快速形成流水线，快速形成产出能力。而我们的企业都认为自己有实力在市场上做大，但整个市场规模到底多大？再加上我国劳动力成本上升，原料掌握在别人手中导致价格上升，使产业利润急剧下降。此时如果市场再稍有变化，这个产业就会有问题。理论上说，任何一个战略性新兴产业都有其自身的价值链，依然都有所谓的微笑曲线存在，如果我们发展战略性新兴产业依然只能做来料加工或来图组装，那么虽然名义上我们也在发展战略性新兴产业，但我们还是做产业价值链上最低端的环节，依然是发达国家的加工制造基地，在全球产业分工中依然处在劣势地位，形成不了我国产业发展的国际竞争力。

光伏产业发展的案例实质上涉及了发展战略性新兴产业的几个根本问题：

第一，发展战略性新兴产业究竟是延续过去的老路，走低端加工？还是走技术创新，从高端研发入手？这是发展战略性新兴产业的道路选择的关键问题。我认为通过技术创新走高端研发发展我国战略性新兴产业的道路是我国产业体系在未来20年能够在国际上有领先地位的正确道路，但是要走好这条路不容易，需要人才，需要投入，需要创新，更需要耐心，也不是所有的省市地区都能够的。如果还是从GDP速度考虑的话，就必然走挂上战略性新兴产业的帽子，还是走简单加工的老路。这样发展战略性新兴产业，不是说没有意义，只是意义不大。

第二，发展战略性新兴产业应该是技术导向，还是市场导向？这又是一个战略性新兴产业发展的重要问题。理论上，产业技术发展可以显示产业发展的未来，但这个未来最终是要由产业资本说了算的，因为只有产业资本寻找到了市场需求，才会推动本产业多大规模的发展。所以光从技术导向推测产业发展的未来，是不够的。产业发展要形成产业规模，应该让市场机制与产业资本说话，这就是让市场成为产业资源配置的决定性力量，让市场成为产业发展的决定力量。在这样的条件下，政府在发展战略性新兴产业方面的思路与方法也要重新考虑，要进行相应的改革与创新。政府应该在创造市场需求方面、维持市场公平竞争方面、产业发展的公共服务方面多做工作，而不是直接给产业与企业以各种补贴，例如给产业用土地资源以价格补贴，结果导致产业资本看中土地增值的未来，而不是产业本身发展的未来，使产业发展的动力机制扭曲。

第三，发展战略性新兴产业应该是个别领域扩展，还是协作配套扩展？这是战略性新兴产业发展的另一个需要解决的重要问题。国家确定的七大战略性新兴产业中，有很多产业产出的是中间产品，比如智能装备产业生产出来的智能装备必须为其他产业发展所使用，而智能装备中的智能状况是与信息技术、计算机技术、数据处理、软件技术都有关系。所以某个战略性新兴产业的发展状况是与其他产业成长状态密切相关，而其他产业成长状态和我们的总体消费水平相关。当我们的消费水平还处在这样一个低等级的条件下，总的来说对生产设备的要求就不会很高，对高端装备的要求就不会很多。所以个别战略性新兴产业单项突飞猛进地发展，产能过分地扩张，是有问题的，除非能够在国际市场上替代发达国家的相应产业，获得国际市场。

尽管发展战略性新兴产业需要我们用改革创新的思路与策略来思考与推进，尽管在市场成为资源配置的决定力量条件下政府需要转变职能转变方式，发展战略性新兴产业还有许多新的问题新的困难，但发展战略性新兴产业是必要的，没有它们的发展我们就不能迅速赶超，就不能占领全球产业发展的制高点，成为当代全球产业竞争中的领先者。本书仅仅是我对战略性新兴产业发展研究的初步，希望对我国战略性新兴产业发展能够有所贡献，为中国工业强国梦早日实现有所帮助。

本书是本人主持的复旦大学"985"重大研究项目"后金融危机时代中国现代产业体系构建研究"（批准号：2011SHKXZD007）、国家社会科学基金重点课题"政府主导产业链、供应链和价值链重组以推动产业结构调整优化战略、路径与政策创新研究"（批准号：10AZD006）的部分研究成果，本书的完成要感谢复旦大学党委宣传部、复旦大学马克思主义研究院与重庆出版社的大力支持。

芮明杰
2013年12月20日
于复旦大学思源楼

目 录

◇ 总　序 /1
◇ 前　言 /1

◇ **第一章**
发展战略性新兴产业的历史背景与现实意义 /1
一、中国现行产业体系发展的困境与机遇 /3
二、发展战略性新兴产业的国际背景 /8
三、发展战略性新兴产业的重要意义 /18

◇ **第二章**
战略性新兴产业的内涵与特性 /23
一、战略性新兴产业的概念内涵 /25
二、我国战略性新兴产业选择分析 /31
三、战略性新兴产业发展的推进 /43

◇ 第三章

欧美发达国家发展战略性新兴产业的战略与政策 /51

一、美德日等发达国家发展战略性新兴产业的战略分析 /53

二、美德日在战略性新兴产业发展方面的最新动向 /59

三、欧美发达国家推动战略性新兴产业的政策措施 /63

四、国外战略性新兴产业发展对我国的启示 /66

◇ 第四章

战略性新兴产业发展的新模式与政策设计 /71

一、战略性新兴产业的发展规律与模式 /73

二、战略性新兴产业发展的"跨越"式模式 /80

三、战略性新兴产业发展的政策创新设计 /89

第一章

发展战略性新兴产业的
历史背景与现实意义

我国政府在起源于美国金融危机的全球经济危机之后开始提出发展"战略性新兴产业"这一构想,并将其作为我国破解资源约束、突破发展瓶颈,提升我国产业结构的重大经济举措,也是我国立足经济结构转型、转变发展方式、着眼未来经济布局的重大战略抉择。

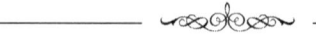

一、中国现行产业体系发展的困境与机遇

改革开放三十多年以来，中国通过充分发挥低劳动力成本的比较优势，使得经济迅速发展，成为贸易大国和"世界工厂"。进入21世纪以后，中国面临着越来越大的转变增长模式的压力，在产业层面表现为技术创新动力不足、环境和资源关系的恶化、服务业发展受限制等弊端。以低价格资源投入为前提的血拼式竞争，在全球性资源价格高企和环境外部性成本持续增加的背景下，不具有可持续性。

1. 困境

2008年全球金融危机后，全球产业体系发生了巨大变化，新一轮国际竞争也同时开始，发达国家凭借他们的现代产业体系占据着产业价值链的高端，在全球产业分工中的竞争优势越来越明显。"金砖四国"中的其他三个国家都在努力发展经济，转变产业结构，发展势头迅猛，给我们很大的挑战。我们应清醒地认识到，在全球资源价格上升、人民币升值、贸易保护主义抬头和技术进步快速发展的今天，中国现行产业体系在全球分工中所处的劣势及弊端已经日益显

现。中国需要由"依附发展"模式,向"自主发展"模式转变,建立现代产业体系是实现这种转变的重要支撑。在全球化背景下,自主发展不是"独立发展",更不是"孤立发展",而是在开放的环境中,通过科学的发展模式提升中国在国际分工体系中的地位,使经济获得持续、健康的发展。

但是我们也必须清醒地认识到,当发展中国家通过"依附发展"已经达到较高层次,需要产业结构升级的时候,发达国家可能会由支持转为"抑制"。发达国家的大型企业以其核心技术与品牌为基础迅速成为全球产业链与价值链中的"系统整合者",对其产业链上、下游企业的活动进行较大力度的整合与协调,从而继续维持其在价值链的顶端位置。发达国家的企业在价值链高端对低端形成了一种"瀑流效应",这对后发国家产业升级形成了阻碍。后发国家甚至被迫放弃自身的优势产业基础、打破既有的产业体系,成为发

达国家低要素成本的加工生产基地。引入的转移产业同时往往与原有产业结构体系脱节,而且优质资源分流导致传统产业升级更加困难。

随着本国资源、环境、劳动力成本的上升,其他成本更低的新兴国家进入到国家分工体系中,最终将导致发展中国家原来以自然资源、劳动力为比较优势基础的竞争力逐步弱化。一旦发展中国家向前不能继续产业升级,后退也无法保有原来的竞争优势,工业化的进程被打断,就容易陷入"中等收入"陷阱。中国现行产业体系目前正处于这种"低端难留,高端遇阻"——夹在当中的状态,必须尽快突破瓶颈,发展战略性新兴产业,构建现代产业体系,掌握结构调整的主动权。

中国的产业结构优化调整在金融危机下面临三大难题:第一,中国产业结构性难题仍然存在,并且在国际金融危机的影响下加剧;第二,金融危机下发达国家的贸易保护主义和对发展中国家的产业结构优化调整进行阻击;第三,宏观调控的短期效应对产业结构优化调整的不利影响。我们迫切需要进行产业体系的整体转型,发展战略性新兴产业;需要构建面向未来的现代产业体系,需要对此进行认真科学的研究。

2. 机遇

2008年金融危机的根源是不平衡的国际分工引起的结构性问题,后金融危机时代国际分工格局的重塑是一个必然的趋势。本次国际金融危机对我国经济发展带来了深远的影响,在给我国产业结构与产业发展带来了重大挑战的同时,也创造了历史性机遇，主要表现在：

（1）本次国际金融危机对全球产业体系与结构重大冲击，主要发展中国家的产业主导性将得到增强

本次国际金融危机的爆发在很短时间内就导致美、日、欧等世界主要发达经济体都陷入经济衰退，世界经济危机爆发。而主要发展中国家（如中国、印度等）由于外汇储备的充足与金融体系的非完全开放性，在本次国际金融危机过程中，受损失程度相对有限。并且这些国家都抓住了危机中的机遇，加快了对外直接投资的步伐。可以预计：世界产业体系的格局在本次国际金融危机之后无可避免将产生重大调整，外汇储备充裕的主要发展中国家将获得更多的话语权；重要新兴产业（如新型能源）将获得历史性发展机遇，而重要支柱型产业（如汽车）将面临重组升级的巨大挑战。

（2）国际金融危机客观上促使我国重视内需，逐步降低我国产业体系的出口依存度，提升经济的自主性

国际金融危机及其后贸易保护主义的抬头对我国经济的影响最直接的表现是出口增速的下降和出口环境的恶化，直接影响我国进出口企业的生存和大量的就业岗位。在此条件下，我国推出了经济刺激方案和重点行业振兴规划，致力于扩大内需、调整优化产业结构，逐步强化内需对于产业经济发展的引导能力。可以预计，随着这些计划的逐步落实及后续效用的不断显现，我国产业体系对于出口的依赖性将很可能在长期呈现下降趋势，经济的自主性将得到加强。

（3）国际金融危机中我国知识创新型产业的地位相对提升，有利于结构转型

此次国际金融危机对我国依靠自然资源或劳动力资源禀

赋的行业受冲击最为严重，行业绩效下降。而依赖于知识创新与转移的高新技术产业受冲击程度相对较少，在我国产业体系中的地位将得到提升。将开启我国产业从以资源禀赋作为比较优势向以知识创新作为比较优势的结构性转型时代。

（4）国际金融危机为我国企业实施"走出去"战略，有针对性加大对外直接投资，争取全球产业链的主导权提供了历史性机遇

我国承接世界产业转移，发展成为"世界工厂"的重要途径就是大量引进外资，成立三资企业。国际金融危机之下，发达国家可能重振本土制造业，出现贸易保护主义。我国依赖外资引进承接国际产业转移以推动产业体系建设与升级这一途径将逐步被削弱。与此同时，国际金融危机削弱了发达国家企业竞争力，而中国外汇储备位列全球第一，有足够的资金与动力支持我国在发达国家经济低谷时期实施"抄底战略"，加强改革开放将成为未来我国推动产业升级的主要途径。

（5）国际金融危机为我国吸引国际高级技术与管理人才，提升我国人力资源水平，提升国家人才"软实力"创造了历史性机遇

金融危机爆发以来，世界大多数重要经济体都陷入经济衰退，失业率大幅攀升，高级技术与管理人才被迫失去岗位。而我国要承接更为高端的产业转移，顺利实现产业升级，就必须要有大量高级技术与管理人才的支撑。在此时机，大量吸引海外高级技术与管理人才成本较低、成功率高。我国各省市均纷纷出台引进海外高层次人才的优惠政策甚至组织专门招聘团赴海外招聘，以期在世界经济低谷期抢占人才资源高地。

在全球化背景下，一国的产业不可能在一个封闭的体系下发展，中国的经济和社会发展不可避免地受到世界经济周期变化的影响。中国的宏观经济调控和十大产业振兴规划等产业政策虽然目前已经在宏观基本面上取得了一些好的成果，例如经济增长、投资增加、出口好转等，但是同时也出现了一些原本要淘汰的过剩产能、落后技术重新上马的现象，与产业结构优化升级的要求背道而驰。这说明中国的产业结构原本存在一些关键的制约因素，并且在国际金融危机背景下与国家的产业政策发生了复杂的互相作用，导致出现了预期之外的结果。

二、发展战略性新兴产业的国际背景

1. 发达国家"再工业化"战略的提出

20 世纪 80 年代至今，世界制造业格局发生了较大变化。变化的一个主要特点是美国和欧洲经历了一个"去工业化"过程，劳动力迅速从第一、第二产业向第三产业转移，制造业占本国 GDP 的比重和占世界制造业的比重持续降低，制造业向新兴工业化国家转移，发展中国家尤其是中国制造业快速崛起，发达国家汽车、钢铁、消费类电子等以往具有优势的制造业面临严峻挑战。

世界制造业增加值从1980年的27900亿美元增加到2010年的102000亿美元。其间，美国制造业增加值从5840亿美元增加到18560亿美元，占世界制造业增加值的比重从20.93%降低到18.20%。德国制造业增加值从2490亿美元增加到6140亿美元，占世界制造业增加值的比重从8.91%降低到6.02%。法国制造业增加值从1400亿美元增加到2680亿美元，占世界制造业增加值的比重从5.02%降低到2.63%。英国制造业增加值从1260亿美元增加到2310亿美元，占世界制造业增加值的比重从4.52%降低到2.26%。形成鲜明对比的是，中国制造业增加值从1330亿美元增加到19230亿美元，占世界制造业增加值的比重从4.78%增加到18.85%。过去几十年间，中国制造业经历了一个在规模上追赶和超过主要发达经济体的过程。1980年中国制造业增加值远远低于美国和德国，与法国、英国相当。但1990年以来，中国制造业增长较快，制造业增加值先后超过德国、美国等世界制造业强国，2010年成为世界制造业第一大国。

"去工业化"不仅削弱了发达国家制造业的国际竞争力，也对国内就业产生了很大的消极影响。1980年至2010年，美国制造业增加值占GDP比重从21.1%降低到11.7%，制造业就业人数占总就业人数比重从21.6%降低到8.9%。最近几年，虽然制造业占GDP的比重大体稳定在11%以上，但制造业就业人数占总就业人数比重仍然呈现下降趋势。截至2010年，美国总就业人数为12982万人，制造业就业人数仅为1152万人。由于"去工业化"现象普遍存在于欧盟大部分的成员国，尤其是汽车制造业、纺织与服装等行业，据其统计局的数据显示，欧盟国内生产总值（GDP）中工业的占比已从1996年的21%降至2007年的18%，而工业部门所吸纳的就业人数也从1996年的20.9%降到2007年的17.9%，这一系列数据表明"去工业化"导致了欧盟丧失了将近300万的就业岗位。

过度依赖金融业、房地产业，使美欧等发达国家在此次金融危机中受到了沉重的打击，市场大幅萎缩。2009年我们参观了英国诺丁汉大学一个新校区，据介绍，这个新校区以前是一个自行车厂房，现在牌子还是英国的，但是生产环节全部在中国。英国"去工业化"后剩下来的支柱产业是什么呢？是金融、教育、文化产业。但金融危机一爆发，财富就缩水了。现在它们重新提出"再工业化"，说明它们确实感受到了危机，觉得在这特殊时期，没有实体经济还是很危险的，容易受到很大的冲击。美国的情况也类似，所以也提出要"再工业化"。2008年金融危机全面爆发后，"去工业化"致使发达国家抗危机能力不足这一弱点充分暴露，因而重归实体经济，推进"再工业化"战略被发达国家提到产业结构调整的议事日程上来。

2012年年初，美国总统奥巴马发表国情咨文，强调为了让美国经济"基业长青"，美国需要重振制造业，并表示将调整税收政策，鼓励企业家把制造业工作岗位重新带回美国。日本财务省最新发布的统计数据显示，2012年日本出现自1980年以来的首次贸易逆差。虽然出现逆差的部分原因是由于地震海啸等临时性因素，但从长远来看，产业转移

造成的制造业空心化是日本出现贸易赤字的趋势性因素。因此，日本政府将出台措施，着力扭转制造业流失局面。虽然欧债危机让整个欧洲陷入经济不景气之中，但是德国、英国、法国等国家依然积极投入旨在调整产业结构，重振制造业。

发达国家的这些计划与行动传递了一个重要信息，即20世纪七八十年代至今是发达国家"去工业化"、产业转移的时期，包括我国在内的发展中国家抓住了机遇，通过改革开放承接了制造业的转移，制造业得到大规模发展，直接带动经济的高速增长。但这一进程可能会逆转，未来十年可能是美欧等发达国家"再工业化"、在新一轮技术进步与工业革命中夺回制造业的十年。发达国家的"再工业化"战略必然会对全球产业尤其是制造业活动的空间分布，以及各国产业结构的调整产生影响。

对于全球经济今天正向第三次产业革命推进的背景下，网络经济与实体经济的相互融合程度日趋加深，生产能力的复苏与增长必是奠基于新的生产方式之上，即以互联网为支撑的智能化大规模定制的生产方式。这是理解当前"再工业化"的关键。从"工业化"到"去工业化"再到"再工业化"这样一个循环的过程，表面上反映了从实体经济到服务经济再到实体经济的回归，实际上体现了服务经济真正服务实体经济的发展战略，符合经济形态螺旋式上升的发展规律。但是，后面的实体经济与前面的实体经济是不一样的，这是一个更加强壮、稳定，能够抗击经济衰退的实体经济，着重发展高端制造业，谋求产业结构的高级化。如果说"去工业化"去掉的是低附加值的加工制造环节，那么，"再工业化"实际上是对制造业产业链的重构，重点是对高附加值环节的再造。

2. 第三次工业革命的来临

20世纪70年代初期开始，美国开始进入对第三次工业革命（The Third Industrial Revolution）的探讨。一些学者较早分析了第三次工业革命对员工、收入和研发等微观层面的影响。赫尔夫戈特（Helfgott 1986）分析了新技术对工人在企业中地位的影响。他认为，新技术正风靡美国产业，正让工作场所转型。在团队中的工人变得更加重要和自制，以及更多的责任和对绩效攸关。格林伍德（Greenwood 1999）认为20世纪70年代初期开始，信息技术的发展推动经济体系进入第三次工业革命。而且信息技术的快速变革初期会降低生产率和加大收入差距。[1] 莫维利（Mowery 2009）分析了这次革命对产业研发结构带来的变化，认为自1985年起，美国的产业研发结构由大企业主导式的封闭式创新走向了以中小企业为主的"开放式创新"。非制造业企业成为研发投资很重要的源泉，美国企业正在以稳定的速度增加离岸研发活动。[2]

然而第三次工业革命概念的兴起和全球化传播，是与全球可持续发展面临的压力息息相关。具体来说：一是至20世纪80年代，石油和其他化石能源的日渐枯竭及随之的全球气候变化为人类的持续生存带来了危机。二是化石燃料驱动的原有工业经济模式不能再支撑全球可持续的发展动力，需要寻求一种使人类进入"后碳"时代的新模式。三是第三次工业革命概念的全球化深入，离不开欧盟的推动和媒体的传播。从2000年起，欧盟开始积极推行大幅减少碳足迹的政策，以加速向可持续发展经济时代的转变。如欧盟要求成员到2020年可再生能源要提供20%的电力。如欧盟的《成长愿景：欧洲领导新工业革命》、英国的《能源市场变革白皮书》、荷兰的《不可再生能源控制》等等研究报告与著作的出版与传播。全面分析第三次工业革命的全球性影响的是享有国际声誉的未来学家里夫金（Rifkin），他提出互

---

[1] J. Greenwood, and B. Jovanovic, The Information–Technology Revolution and the Stock Market, *American Economic Association Quarterly*. 1999, 89 (2).

[2] D. C. Mowery, Plus Ca Change: Industrial R&D in the "third industrial revolution", *Industrial and Corporate Change*, Vol. 18, Issue 1, February 2009.

联网、绿色电力和3D打印技术正引导资本主义进入可持续的分布式发展第三次工业革命时代。[1]

新一轮工业革命即所谓第三次工业革命，实质是新能源、计算机、信息和互联网技术的重大创新为代表的能够导致工业、产业乃至社会发生重大变革事件，它不仅会导致一批新兴产业的诞生与发展以替代已有的产业，更重要的是它将导致社会生产方式、制造模式甚至交易方式等方面的重要变革。事实上，新能源、计算机、信息与互联网已经使得生活方式已经发生了变化，今天获取信息和互联沟通、复杂计算变得非常方便，今天的交易方式也发生了巨大的转变，例如电子商务发展创新迅速，网络成交量大幅度提高。而整个社会生产方式也正在发生着人们可能不注意悄悄地但可能是非常重要的变化。

这场新工业革命是以社会生产方式、制造模式、由此导致的交易方式与人们的生活方式发生重大变化为核心的，全新的生产方式可以叫做以互联网为支撑的智能化大规模定制生产方式[2]。具体来说，第一，今天的互联网既是信息平台，又是交易平台和生产控制平台，当然它还是娱乐平台和社交平台，比如Facebook，以后在我们的生活和生产中扮演什么角色还可以继续大胆想象。但是在今天，通过互联网，通过计算机控制的联网智能化制造设备在随时收到指令后，就可以自行分析、决策，进行操作上的变化。毫无疑问，未来的

---

[1] ［美］杰里米·里夫金：《第三次工业革命：新经济模式如何改变世界》，张体伟、孙豫宁译，中信出版社，2012年版。
[2] 芮明杰：《上海应率先布局探路真正的新型工业化》，《东方早报（上海经济）专刊》，2012年5月29日。

新生产方式必然依托互联网。第二，智能化意味着智慧型计算机嵌入在制造设备后能够使生产设备更快地感知、自我反应，计算判断，分析决策，操作。第三，正是如此，符合个性化需要的个性化产品的大规模定制生产成为可能，部分已经成为现实。比如大规模的定制西装已经成为现实，成千上万个性化数据输进去，计算机排版激光剪裁，快得不得了。又如德国大众的辉腾汽车，开设的是定制店，只要消费者说出需求总有满足其需求的车。

这样的生产方式首先将导致今天"工厂"生产组织形态发生重大的变化，今天的生产组织方式叫做"集中生产，全球分销"，我们现在生产产品是先圈一块地盖厂房，全世界原料买进来，生产产品后运到全世界销售，结果是来往运输量大成本高，搜寻信息与交易成本都很大，而且浪费不少资源。新的生产组织方式则不一样，它叫做"分散生产，就地销售"，这样的生产组织方式可以真正做到销地产，不需要今天这样的工厂，只需要在有需求的地方放上几台互联网连接的3D打印机，需要什么样的产品直接把原料拉到商店，打印后直接拿走就可以了。这样运输量与成本就大大减少，因为是定制于是交易成本也大大节约，另外定制也没有库存，没有多余产品的浪费等等，整个社会资源就得到了很大的节约。

未来我们的生活方式也将随之改变，人们已经没有必要去shopping mall，可能的购物是到3D打印店，按照自己要求打印自己需要的东西，实现真正的体验消费。所以，在今天化石能源日渐枯竭的状态下，新能源、互联网和数字化、信息化、智能化很有可能是新一轮工业革命的导火线。基于信息、计算机、数字化、互联网技术融合创新变革的制造业生产方式以及它给我们的生活与交易方式带来的极大变化,定义成新一轮工业革命或"第三次工业革命"是正确的。

3. "再工业化"和第三次工业革命对我国产业发展影响巨大

新一轮工业革命起来,发达国家会不会首先推进这个进程?如果推进,对中国有没有影响?发达国家的"再工业化"实质上是在新一轮工业革命的基础上制造业的全新回归,他们正在进行这个过程,不过这个过程不像我们是政府高调推进,而是市场机制选择的过程[①]。发达国家已经具备了新一轮工业革命的条件,并对我国现行产业体系与制造业发展产生重大影响。

第一,发达国家总的工业品消费,包括总量和品质的平均需求肯定高于我国和广大的发展中国家,发达国家的信息渠道通畅、分销网络广泛合理,市场环境好交易便捷。而且发达国家居民总体富裕,更具备个性化消费的条件。这就为他们的新一轮工业革命及制造业生产方式的变革创造了市场条件,也为他们反过来进入我国高端消费市场创造了先机,就像最早的家用电器制造业、今天的汽车制造业。

第二,发达国家的"去工业化"使大量的制造生产环节外包到发展中国家,原因是此前的制造生产方式是大批量标准化生产,发展中国家劳动力廉价,制造设备精良后对劳

---

① 芮明杰、王子军等:《产业发展与结构转型研究》第一卷:《后金融危机时代上海先进制造业发展战略与政策》,上海财经大学出版社,2012年版。

动力技能要求不高，而全球运费也不很贵，所以制造环节外包以获得更大收益是自然而然的。今天则不一样了，类似3D打印的制造生产方式对土地等要素的占用很少，不需要很大的厂房，总部可以通过互联网发送的指令，完全可以在客户家门口给他打印制造，直接"销地产"，这就大大超越了传统的"以销定产"模式，在销售地直接生产是最节约成本的。因此这样的新技术革命就可以导致新型制造业重新流回发达国家，形成国际竞争力，使美国等发达国家继续成为新一轮产业全球分工体系中的控制者，我们依然成为全球产业体系与产业链中的被控制者。

第三，我国劳动力价格总体虽然便宜，但是我们劳动生产率还是低于美国和日本等发达国家，制造业劳动生产率、增加值率约为美国的 4.38%、日本的 4.37% 和德国的 5.56%；再加上油价上升运输成本、市场成本、税收等，企业核算下来会发现目前生产成本不比美国企业低多少。据美国波士顿咨询公司的研究报告预测，中国沿海地区和美国低成本地区的劳动成本的差异到 2015 年前后将缩小到 40% 以下。美国企业已经发现如果制造技术革命后生产效率提高，在本国生产节约运输费用又更能适应市场需求，制造成本不一定比中国高，出于就业等经济考虑，完全有可能使新一代制造业倒流回发达国家，而这对我国以出口依赖为主的现行制造业体系是重大的冲击。

第四，美国等发达国家创新往往以市场为导向，市场导向的创新容易产业化并产生经济效益。并不是所有的研发都要市场化，但是就工业来讲，市场导向是很重要的。这个过程中政府也应该出面，但是不是指定发展的方向，而是说

"我为你企业创造什么条件"，这是非常重要的。美国政府这次的"再工业化"首先想到拿钱出来投资教育和培训，这是对的。未来的工业革命也好技术革命也好，人力资本都是最重要的。美国制造业协会提出的四大目标之一就是使美国制造企业拥有符合21世纪产业发展的优秀的劳动力。他们认为，如果美国制造业想在未来保持其在世界中的主导地位，就必须拥有世界最优秀的高技能人才，这些人才必须精通科学、技术、工程和数学等领域的知识，掌握制造企业所需要的技能。从这些年来看，我们的大学已经成为为美国等发达国家输送高级人才的摇篮，同时还输送大量的教育学费支持他们的高等教育发展。

三、发展战略性新兴产业的重要意义

回顾历史是为了吸取经验和教训，把握历史发展规律。英国依靠着第一次工业革命成为了世界上第一个工业化国家；美国借助第二次工业革命，牢牢坐在了20世纪世界头号强国的位置。这深刻印证了邓小平同志的"科学技术是第一生产力"的科学论断，充分证明了科技创新是推动历史进步和国家发展的根本动力。

英国、美国和德国的崛起都是依靠在新领域、新产业内的科技创新才得以迅速崛起的，而非旧有的传统领域内进行。历史经验告诉我们：国家的崛起必须要依靠在新领域、新产业内的科技创新，新兴产业发展是推动经济社会发展的火车头和动力引擎。我们要实现中华民族的伟大复兴也必须遵循这条历史经验。但同时我们也不能忽视英国、德国和美国科技创新背后的社会大环境的支撑，比如英国的皇家学会、德国的近代大学以及美国的大科学体制，它们为科技创新提供了源源不断的人力资源和生存环境。

从2003年到现在，国际国内的环境发生了巨大变化。从国际环境来看，2008年爆发的经济危机对我们的粗放式发展方式和低技术附加值传统产业提出了严峻挑战；从国内情况来说，改革开放至今，三十多年形成的出口导向型和粗放型的经济发展模式已经很难继续维持高速发展的势头。在这种大背景下，发现新的经济增长点，培育新的核心竞争力，构建新的发展战略，就成了当前最为紧迫的任务。而新的发展格局，其基本要求是不再依靠出口导向和人口红利，而是要转移到依靠科技进步、内生增长的道路上来，"战略性新兴产业"由此应运而生。

在以上的现实背景、历史经验下，大力发展战略性新兴产业是经济发展和民族崛起的内在需求和大势所趋，因此，发展战略性新兴产业具有极其重要的战略意义。

1. 发展战略性新兴产业是实现经济转型的重要突破口

虽然我国早在"九五"计划中就提出了进行经济增长方式的转变，但是，时至今日，仍没有改变过度依靠物质、资源和资金投入来带动经济增长的状况。世界工厂的发展模式在生产要素成本日益上升，环境、资源、能源约束以及全球竞争格局改变的现状下，早已难以为继，经济结构进一步调整、转变发展方式是摆在各国面前的唯一道路。战略性新兴产业的特点是知识密集、技术密集和人才密集，是一种特殊的高科技产业。在未来提升产品附加值、提高经济增长质量和发展绿色低碳经济的过程中，战略性新兴产业将发挥重要的作用。

2. 发展战略性新兴产业将促进经济的增长

战略性新兴产业对经济的促进作用，短期内会主要体现在投资上，并不能完全支撑起我国的经济构成。但伴随着战略性新兴产业的逐步规模化，从中长期的角度看，该类产业有望发展成为我国未来经济增长的重要引擎。根据国务院发展研究中心"重点产业调整转型升级"课题组的测算，到

2015年环保产业产值预计可以达到2万亿，而信息网络极其应用市场的规模超过万亿大关，数字电视终端与服务今后的五年里预计累计可带动超过2万亿元的相关产值。广义上的生物产业市场规模在2020年预计将达到6万亿元。

3. 战略性新兴产业会在改善民生、提高资源利用效率方面发挥作用

战略性新兴产业的健康发展，将极大地改善社会群众的生活环境，从而提升广大人民的生活品质。例如，新医药产业的发展，会大大提升我国医疗卫生服务的质量和水平，从而实现造福社会群众的功能。还有，物联网在环境监测、地震监测、安防、电网、物流、交通、医疗和教育等领域的推广，会极大地提高生产效率，在降低成本和改善生活水平等方面发挥重要作用。而太阳能风能等再生性能源的开发利用对环境保护、低碳社会建设，可持续发展非常的重要；电动汽车业的发展，则会对利用低谷电量、有效利用发电能力产生积极影响。再比如，生物育种行业的发展，将关系到我国粮食安全，随着在粮食和食品领域推广新科学技术，农业将得到显著的发展。

由此可见，加快培育发展战略性新兴产业具有重要战略意义。从国际经济发展形势看，加快培育发展战略性新兴产业是我国努力掌握国际经济竞争主动权的必然要求；从国内发展转型需要看，加快培育发展战略性新兴产业是我国加快转变经济发展方式、建设创新型国家的必然要求。

第二章

战略性新兴产业的内涵与特性

国务院从2009年9月份起连续召开三次战略性新兴产业发展座谈会,并于2010年10月正式发布《关于加快培育和发展战略性新兴产业的决定》的纲领性文件,将七大产业列为未来重点培育的战略性新兴产业。同时,提出了我国发展战略性新兴产业的具体目标,确立了我国发展战略性新兴产业的立场和决心,发展战略性新兴产业已上升到国家战略层面。

一、战略性新兴产业的概念内涵

1. 战略性新兴产业概念

从战略性新兴产业的字面含义来看,需要界定"新兴产业"和"战略性产业"两个概念。首先,"新兴产业"是从产业发展阶段来界定的,是指正处于产业生命周期曲线中成长阶段的产业。学界对新兴产业有如下分析。一是将新兴产业定义为新建立的或重新塑型的产业,其出现原因包括科技

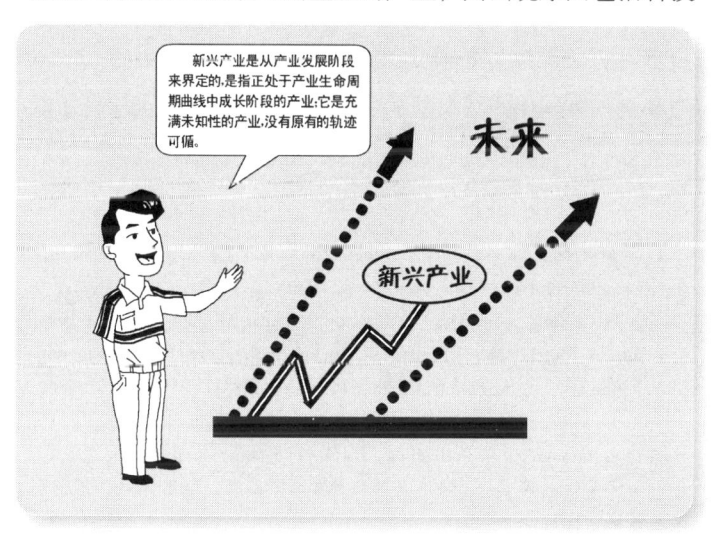

创新、相对成本结构的改变、新的顾客需求，或是因为经济与社会上的改变使得某项新产品或服务具备开创新事业的机会。[1] 二是认为新兴产业是充满未知性的产业，通常由一个新的产品或创意所形成，处于发展的早期阶段，存在大量的不确定性，如对产品的需求、潜在的增长潜力以及市场条件都不确定，而且没有原有的轨迹可循。[2] 三是认为新兴产业要符合四个特征：(1) 与突破性创新（disruptive innovation）相关联；(2) 创新需要发展的核心能力；(3) 对应于产业生命周期的前期；(4) 具有高不确定性。战略性新兴产业的另外一个关键词是"战略性"。[3] 四是将主导产业与战略产业视为同一概念，指出战略产业是对经济发展起带头作用的先导性产业部门。[4] 战略性新兴产业的"战略性"所体现的经济学性质主要体现在以下两个方面：(1) 产业所基于的主导技术的未来性和突破性；(2) 产业所面向的现实的和潜在的市场需求规模巨大。第一个特征决定了主导技术的投资具有长期性和不确定性，因而需要更加"耐心"的投资和更加多样化的高强度学习和探索；第二个特征决定了战略性新兴产业的发展绩效涉及一国发展的深层次经济利益。

---

[1] M. Potter, *Competitive Strategy Techniques for Analyzing Industries and Competitors*, New York: Free Press, 1980: 120-125.

[2] S. C. Blank, Insiders' Views on Business Models Used by Small Agricultural Biotechnology Firms: Economic Implications for the Emerging Global Industry, *AgBioForum*, 2008, 11 (2): 71-81.

[3] G. V. Claude, *Dynamic Competition and Development of New Competencies*, Information Age Publishing, 2003: 175-186.

[4] [美] 赫希曼：《经济发展战略》，曹征海、潘照东译，经济科学出版社，1991年版。

第二章 战略性新兴产业的内涵与特性

国内研究者对战略性新兴产业的概念界定更多强调的是产业的"战略性"特征，代表性的观点可归纳如下表所示。

国内战略性新兴产业概念界定简表

学 者	概念界定的要点
万 钢	"战略性"是针对结构调整而言的，在国民经济中具有战略地位，对经济社会发展和国家安全具有重大和长远影响，这些产业是着眼未来的，它必须具有能够成为一个国家未来经济发展支柱产业的可能性。[①]

---

① 万钢：《把握全球产业调整机遇，培育和发展战略性新兴产业》，《求是》，2010年第1期。

续表

学　者	概念界定的要点
肖兴志	战略性新兴产业是前沿性主导产业，不仅具有创新特征，而且能通过关联效应将新技术扩散到整个产业系统，能引起整个产业技术基础的更新，并在此基础上建立起新的产业间技术经济联系，带动产业结构转换。[①]
华　文	"战略性"是指这些产业对经济和社会发展及国家安全具有全局性影响和极强的拉动效应；"新"是相对当前的经济发展阶段，这些产业的产品服务或组织形式是以前没有的；而"兴"就是指刚刚崭露头角，未来可能会高速增长，规模扩大，对经济发展有主导作用。[②]
刘洪昌	战略性新兴产业是指在国民经济中具有重要战略地位，关系到国家或地区的经济命脉和产业安全，科技含量高、产业关联度高、市场空间大、节能减排优的潜在朝阳产业，是新兴科技和新兴产业的深度融合，既代表着科技创新的方向，也代表着产业发展的方向。[③]
贺　俊 吕　铁	"战略性"所体现的经济学性质主要体现在以下两个方面，一是产业所基于的主导技术的未来性和突破性；二是产业所面向的现实的和潜在的市场需求规模巨大。[④]

[①] 肖兴志：《发展战略、产业升级与战略性新兴产业选择》，《财经问题研究》，2010 年第 8 期。

[②] 华文：《集思广益：战略性新兴产业的科学内涵与领域》，《新湘评论》，2010 年第 11 期。

[③] 刘洪昌：《中国战略性新兴产业的选择原则及培育政策取向研究》，《科学学与科学技术管理》，2011 年第 3 期。

[④] 贺俊、吕铁：《战略性新兴产业：从政策概念到理论问题》，《财贸经济》，2012 年第 5 期。

续表

学　者	概念界定的要点
剧锦文	战略性新兴产业是一个国家或地区因新兴科技与产业的深度融合而催生出的一批产业；尽管尚未形成市场规模，但掌握了核心关键技术，是具有广阔市场前景和科技进步引导能力的产业；它关系到国民经济长远发展和产业结构转型升级，代表着未来经济和技术的发展方向，对经济社会发展和国家安全具有重大和长远影响，是政府产业政策重点扶持的产业。[①]

资料来源：作者根据有关文献资料整理而得

2. 战略性新兴产业的特征

战略性新兴产业具有以下主要特征：

（1）发展先导性

作为着眼未来、超越传统的新产业形态，其深度融合新兴科技和新兴产业，体现先进生产力的发展方向，是引导未来经济社会发展、推动人类文明进步的重要力量。一是引领发展趋向；二是代表科技前沿；三是引导转型升级。

（2）全局带动性

战略性新兴产业体现了国家战略需要，不是一般的产业概念，而是为了解决重大紧迫的经济社会发展问题、抢占未来发展制高点而科学选择的特殊产业，"正外部效应"明显，超越经济意义，带动全局、影响社会，关联度高。

[①] 剧锦文：《战略性新兴产业的发展"变量"：政府与市场分工》，《改革》，2012年第3期。

(3) 创新依赖性

创新是战略性新兴产业的内源驱动。战略性新兴产业既没有定型设备和标准体系，也缺乏显性需求和配套政策，无论技术工艺还是产品市场，都需要从头做起、"无中生有"，特别依赖创新驱动。一是依靠重大技术突破；二是需要体制机制变革；三是要求商业模式创新。

(4) 较高成长性

战略性新兴产业具有良好的经济技术效益和长远赢利特征，产业成长性强，在市场需求、增长速度、经济效益等方面大大超出行业平均水平，发展前景远大。一是市场空间大；二是发展速度快；三是综合效益好。

二、我国战略性新兴产业选择分析

1. 七大战略性新兴产业确定

国务院从 2009 年 9 月连续召开三次战略性新兴产业发展座谈会，并于 2010 年 10 月正式发布《关于加快培育和发展战略性新兴产业的决定》的纲领性文件，将七大产业列为未来重点培育的战略性新兴产业。同时，提出了我国发展战略性新兴产业的具体目标，确立了我国发展战略性新兴产业的立场和决心，发展战略性新兴产业已上升到国家战略层面。2012 年 7 月 9 日国务院又正式公布了《"十二五"国家战略性新兴产业发展规划》，具体提出了我国战略性新兴产业发展的指导思想、发展原则、发展目标，重点突破的方向与内容，产业的发展路线图，以及重大工程等，为我国战略性新兴产业在"十二五"期间的发展给定基本蓝图。

我国确定的七大战略性新兴产业为：

(1) 节能环保产业

"节能环保产业"主要包括以下方向：高效节能技术装备及产品，资源循环利用关键共性技术研发，先进环保技术装备及产品，煤炭资源综合利用技术。

(2) 新一代信息技术产业

"新一代信息技术产业"主要包括以下方向：宽带、数字、融合、安全的信息网络基础设施，新一代移动通信、下一代互联网核心设备和智能终端的研发，物联网、云计算的研发，集成电路、新型显示、高端软件、高端服务器等核心基础产业，数字虚拟技术。

(3) 生物产业

"生物产业"主要包括以下方向：重大疾病防治的生物

技术药物、新型疫苗和诊断试剂、化学药物、现代中药,先进医疗设备、医用材料,绿色农用生物产品,生物制造关键技术,海洋生物技术及产品。

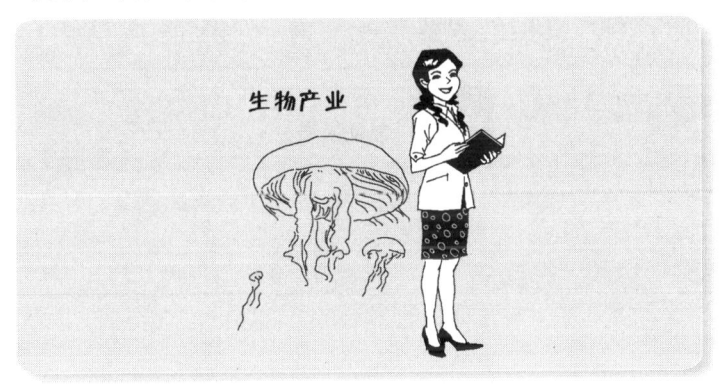

(4) 高端装备制造产业

"高端装备制造产业"主要包括以下方向:干支线飞机和通用飞机为主的航空装备,卫星及其应用产业,依托客运专线和城市轨道交通等重点工程,轨道交通装备,海洋资源开发,海洋工程装备,以数字化、柔性化及系统集成技术为核心的智能制造装备。

(5) 新能源产业

"新能源产业"主要包括以下方向：新一代核能技术和先进反应堆，太阳能热利用技术，多元化的太阳能光伏光热发电技术，风电技术装备，智能电网，生物质能、海洋能。

(6) 新材料产业

"新材料产业"主要包括以下方向：稀土功能材料、高性能膜材料、特种玻璃、功能陶瓷、半导体照明材料等新型功能材料，高品质特殊钢、新型合金材料、工程塑料，碳纤维、芳纶、超高分子量聚乙烯纤维等高性能纤维及其复合材料，纳米、超导、智能等共性基础材料。

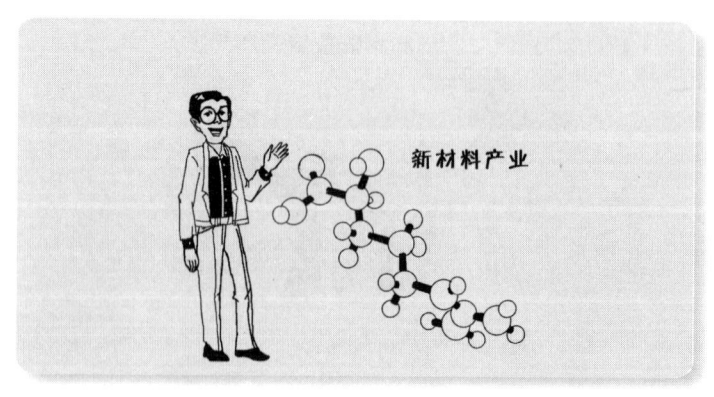

(7) 新能源汽车产业

"新能源汽车产业"主要包括以下方向：动力电池、驱动电机和电子控制领域关键核心技术，插电式混合动力汽车、纯电动汽车，燃料电池汽车技术，高能效、低排放节能汽车。

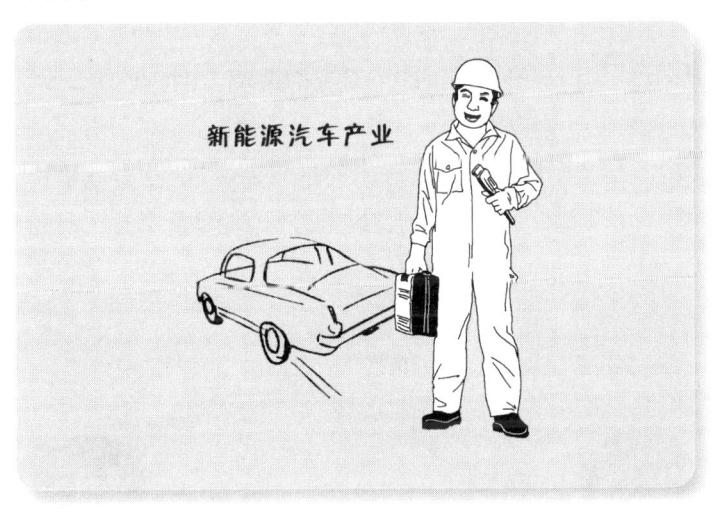

从上述所公布的七大产业及其细分行业内容来看，我们可以清楚地把这七大产业归结为：再生性能源（包括节能环保）、互联网信息技术、数字智能制造（包括新材料）及生物制药产业这四个方面，而这恰恰与我们前文分析的第三次工业革命的三大革命是一致的，说明我们发展战略新兴产业不光是对我国现行产业体系与产业结构优化升级的需要，而且是希望能够抓住未来产业革命的方向，通过战略性新兴产业的战略引领作用，能够使我国现行产业体系转型升级在未来的国际产业分工中有好的位置，具有真正的国际竞争力。

2. 战略性新兴产业发展的价值链位置

战略性新兴产业与其他所有的产业一样都有一个投入产出的过程，一个产业的投入产出的过程是其价值增值的过程。产业的典型价值链分为信息收集和分类、研究和开发、适量生产、生产试销、生产线安排、装配和市场开发共七个环节。由于产业价值链的各个环节的投入产出特点不同，所要求的生产要素相差很大。其中，产业的价值链的下游环节如加工装配，市场开发比较大的依赖劳动力，于是就呈现"劳动密集型"倾向，价值链的上游如信息收集处理、研究开发环节比较大的依赖知识或技术要素，所以呈现"知识或技术密集性"的倾向，而中间环节的生产线安排等则依赖资金的投入，呈现"资金密集性"。

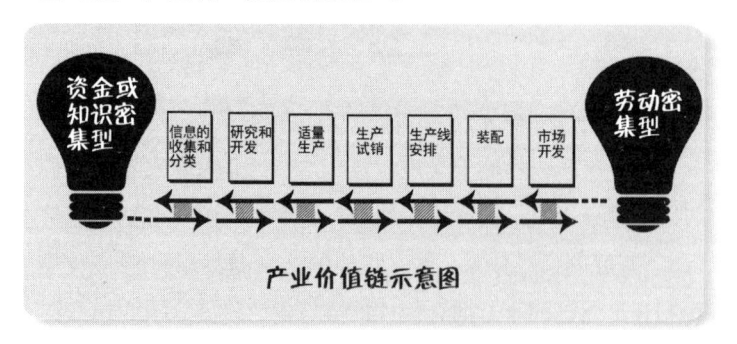

产业价值链示意图

而且，这样的价值链由于其每个价值环节依赖的生产要素不同，因此这些不同价值链环节的附加价值的分布也是不同的，其分布状态的一种表达就是"微笑曲线"。

"微笑曲线"表达了今天所有产业普遍存在的实际状态。即价值链上游的研究与设计新增价值最大，一般可以占到所有新创造价值中的60%；而制造环节创造的价值最低，最多为所有新创造价值中的 15%；而下游的分销与服务环境的新增价值也相当客观，占比可以高达 25%，例如 IT 产业中就已经如此。"微笑曲线"产生背后实际上是价值链各环节所依赖的核心生产要素的质的不同和价值的不同，从而由这些不同的生产要素整合所创造的价值也不同。战略性新兴产业虽然总体上是面向未来的具有引领和成长性好的产业，但从其投入产出过程来看，它依然有完整的价值链和价值链的七个大的环节，它同样服从"微笑曲线"。

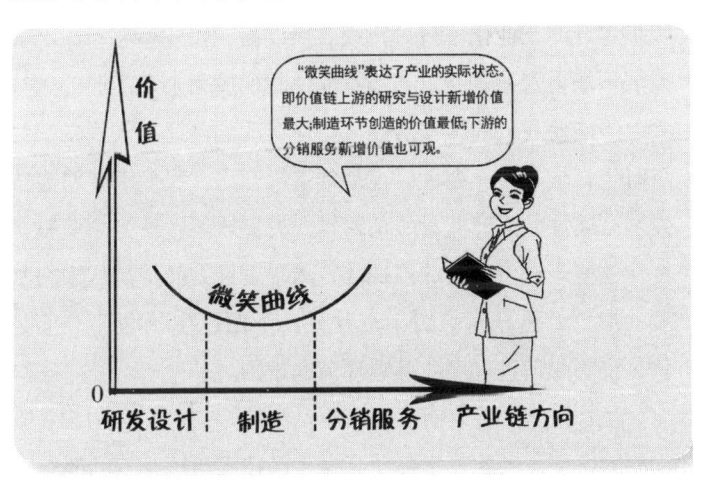

"微笑曲线"表达了产业的实际状态。即价值链上游的研究与设计新增价值最大；制造环节创造的价值最低；下游的分销服务新增价值也可观。

在今天，一个产业的价值链已经全球分布的条件下，名义上我们也是在发展战略性新兴产业，但我们可能就是从事战略性新兴产业价值链的一个环节，而且是一个附加价值低的环节。如我国的光伏产业的产能已经世界第一，但我们仅仅是来料加工，产品研发不是我们，原料不是我们，市场也不在我们这里，整个光伏产业处在微笑曲线的最低端，创造的价值不高，国际市场稍有变化产业就有问题，处在被别人控制的地位。这样的战略性新兴产业发展当然也是一种发展，但仅仅是拉动 GDP 的发展，是解决就业的发展，是一种被别人控制的发展，不是创新领先跨越式发展。

过去三十年我国的工业化就是起步于全球产业价值链分布后，发达国家把价值链低端的劳动密集型产业转移出来时，我们接受了产业转移，并且逐步把制造这一环节做到了世界第一，然而我们的劳动力成本已经大幅度提高，建立在劳动密集基础上的产业与产业价值链环节的竞争力已经开始大幅度下降，收入下降，资源消耗，环境问题日益严重，使我们这样的工业化不再可持续。所以新一轮战略性新兴产业发展不能再走此老路，老路不能使我们成为未来产业的领导者，不能使我们的国家富强，更何况我们已经进入到知识经济时代，核心生产要素已经是创造性知识。我们需要跨越式发展战略性新兴产业，所谓跨越式发展战略性新兴产业就是要从这些产业价值链的高端位置入手发展，而不是从来料加工，加工组装等简单的制造开始。下面以生物医药产业为例，说明如何进行产业高端环节的识别。

生物医药产业既有生产者驱动型的特征，又有购买者驱动型的特征。因此，掌握了高端生产技术与核心专利的企业和掌握了销售渠道的企业就占据了产业价值链的高端环节。我们把生物医药产业价值链简单分为四个主环节，医药研发、医药产品生产制造、医药流通与交换、医药产品销售。每个环节上都存在着高端和低端。总体而言，医药研发是整个产业价值链的高端，其中基础性研究、原始性创新处于最高端，实验室阶段的中试和小试技术水平相对较低，相对低端，这一部分可标准化的环节已经可以外包——研发服务外包。如下图所示。

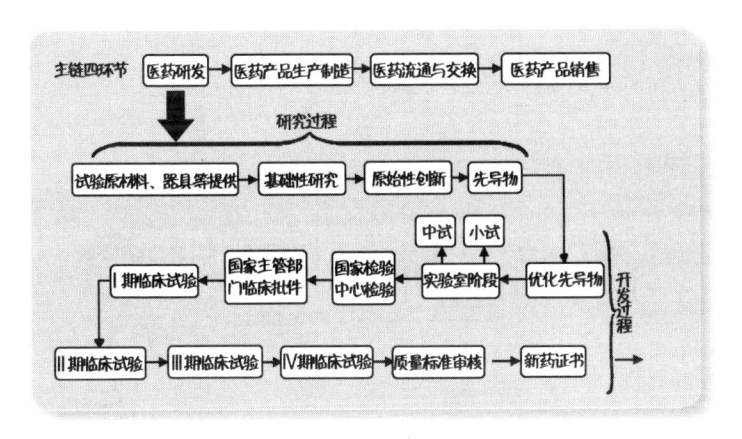

[图：医药产业链主链四环节——医药研发、医药产品生产制造、医药流通与交换、医药产品销售。研发过程包括：试验原材料/器具等提供→基础性研究→原始性创新→先导物→优化先导物→实验室阶段（中试、小试）→国家检验中心检验→国家主管部门临床批件→I期临床试验→II期临床试验→III期临床试验→IV期临床试验→质量标准审核→新药证书]

对于医药产品生产制造环节，对技术水平要求较高的药物有效成分的提取、纯化提取等处于价值链的高端，而加工制造、包装等技术水平较低，处于价值链的低端。

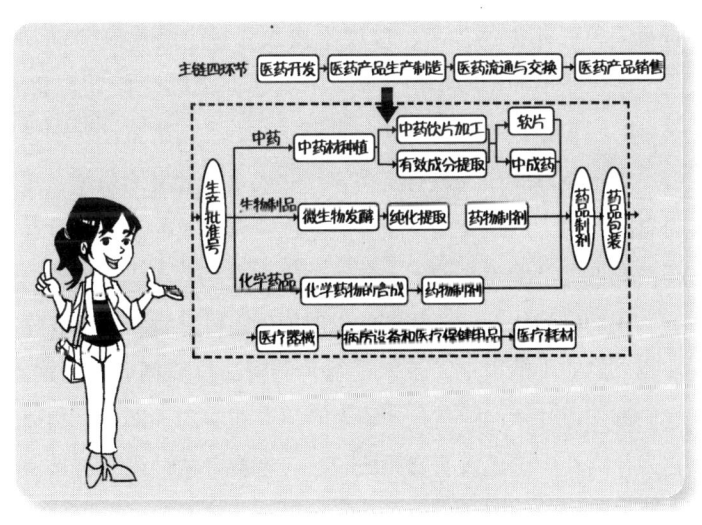

[图：医药产品生产制造环节。主链四环节：医药开发、医药产品生产制造、医药流通与交换、医药产品销售。生产批准号分为中药（中药材种植→中药饮片加工/有效成分提取→饮片/中成药）、生物制品（微生物发酵→纯化提取→药物制剂）、化学药品（化学药物的合成→药物制剂）→药品制剂→药品包装；医疗器械→病房设备和医疗保健用品→医疗耗材]

对于医药流通与交换和医药产品销售环节，掌握了分销网络就掌握了对流通环节的控制力，就占据了价值链的高端，一般物流和交易环节则处于价值链的低端。

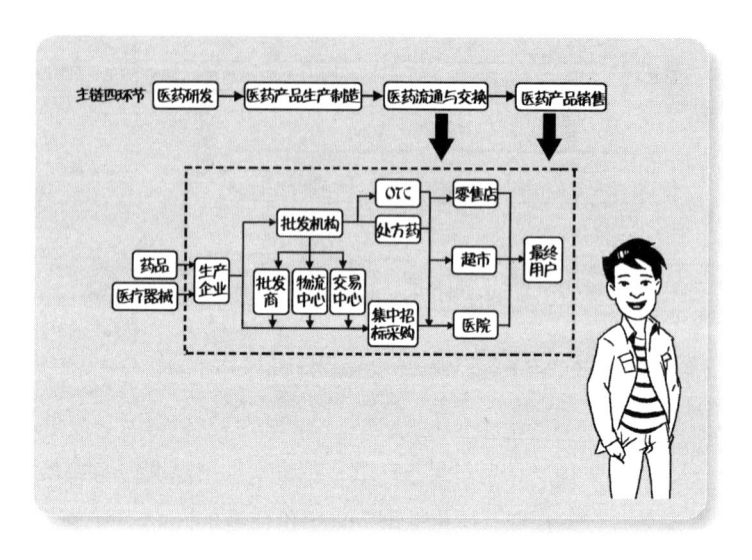

可见，名义上是发展生物医药产业，但很可能依然是在进行简单医药生产加工，仅仅是技术含量比较高的劳动加工。所以不能简单根据产业的名称是否是战略性新兴产业，来判断我们在进行了跨越式的发展，开始了创新驱动转型发展，更不能以此作为政府支持该产业或企业发展的依据，政府有限的财力应该支持真正在战略性新兴产业的高端进行开拓性发展的产业与企业。

我们以光伏产业在我国的发展为例，可以看到发展战略性新兴产业不能再走简单加工组装低附加价值创造的老路。我们都知道光伏产业就是战略性新兴产业中的一部分，然而它为什么在中国还没有真正成长壮大就会产能过剩？这是一个值得研究的问题。太阳能直接发电是一种清洁可再生性能源，未来一定有很大的发展空间和使用需求的空间。特别是最近我国大规模的空气污染，再一次提醒我们必须大力减少不可再生能源的使用，因为煤炭石油的使用导致了大量的碳排放和环境污染。今天，全球有识人士都认为，人类社会的生活与生产如果能够可持续发展的话，就必须从今天的石化能源依赖模式转化到清洁可再生能源依赖使用模式。所以从这个意义来说，大力发展光伏产业本身没有错，然之所以会导致今天的局面？原因是：

第一，光伏产业是在政府大力推动下发展的，无论是无锡尚德，还是江西新余赛维，都是当地政府重点扶持的企业。这个应该也没有什么错。问题是这个产业长期和短期的市场需求在哪里？有无深入地研究与判断。

第二，当时国内的需求没有起来。这个产业的产品市场需求在国外，主要分布在美国和欧洲。欧美一直在推动清洁能源的转换。换句话，我们这个产业的发展是外向型的。由于美国和欧洲近年来经济不景气，这个市场短期就衰弱了。一个产业的市场完全在海外，当然也可以。但以海外市场为主，必然受到海外经济周期变化的影响。

第三，这个产业的基础材料和高端研发不掌握在我们的企业手里，而是被国外企业掌控。我们的光伏企业只是做了这个产业价值链的制造加工环节。我们进口原料，利用光伏产业的第一代、第二代技术做成电池片，然后封装销售到海外。我们的光伏产业实际是应该叫光伏加工业，仅仅是光伏产业中的一个环节。

光伏产业中最大企业无锡尚德最近宣布破产重组，教训是深刻的。光伏产业发展的案例告诉我们，从战略性新兴产业价值链来说，依然具有所谓的微笑曲线存在。这样的价值链中，价值创造比较低端的环节就是加工组装。如果我们发展战略性新兴产业仅仅只能做这个产业的加工组装部分，那么名义上我们也发展了战略性新兴产业，但做的只是这个产业链上附加价值最低端的环节，整个价值链还是被别人控制。而且组装加工这个环节，一方面技术一旦形成，就非常容易模仿；另一方面所需的资金投入很大，只要有大量的投入就可以快速形成流水线，快速形成产业，形成生产能力。我们的企业往往都认为自己有实力在市场上做大，但整个产业市场规模到底多大？再加上劳动力成本上升，原料掌握在别人手中导致价格上升，是产业利润率急剧下降。此时如果该产业市场再稍有变化，这样的产业立马就有问题。

从光伏产业发展的现实案例可以看到，发展战略性新兴产业不能够再走过去发展产业的老路即引进技术引进流水线，进行简单地加工组装，靠劳动力廉价获得一点加工收入，把产业价值链的控制力都交给了发达国家。而应该大力进行技术自主创新、进行产业价值链高端环节的把握，利用市场需求的引导性，政府给以一定的支持，从产业成长之初就开始着力培养它的国际竞争力，培养它的自我发展创新能力，培养它的产业价值链控制力。

三、战略性新兴产业发展的推进

1. 政府重视战略性新兴产业发展

我国政府非常重视战略性新兴产业发展。2008年世界金融危机爆发之后的2009年，我国国务院常务会议上就提出了战略性新兴产业的概念和框架，认为战略性新兴产业是引导未来经济社会发展的重要力量。我国正处在全面建设小康社会的关键时期，必须按照科学发展观的要求，抓住机遇，明确方向，突出重点，加快培育和发展战略性新兴产业。我国选择将发展高新技术产业作为带动经济社会发展的战略性突破口，不断加大对战略性新兴产业的支持力度。

商务部、发改委、工信部和科技部等十部门，于2010年联合发布了《关于促进战略性新兴产业国际化发展的指导意见》。在该《意见》中，力争到"十二五"期末，我国战略性新兴产业在国际分工中地位得到明显的提升，核心竞争力的显著提高，并且贸易和投资的规模实现稳步的增长，全方位、多层次、宽领域的国际化体系逐步形成。《意见》总共可分为七部分，国际化所重点推动的产业包括节能环保产业，具体可分为生物产业、新能源产业、新材料产业以及新

能源汽车产业等产业，鼓励提升产业创新能力、技术引进和合作研发。鼓励和支持境内企业与国外企业合作，共同研发关键技术、开发新产品，以及实现科技成果的产业化。鼓励引进、吸收、消化与再创新，鼓励积极参与国际标准的制定，特别是战略性新兴产业方面国际标准的制定。鼓励知识产权的申请、保护和管理，加大高级人才的引进力度，开发、利用全球市场，逐步转变贸易的发展方式，逐步加大鼓励类商品的贸易规模和质量，完善出口促进体系的建设，积极引导外商投资，同时促进对外投资的发展。

修订《当前优先发展的高技术产业化指南》等，发展并进一步完善战略性新兴产业的相关内容，引导和鼓励外商对战略性新兴产业的投资力度。《意见》指出，国内市场也要积极夯实，开发国内市场的潜在需求，以创造有利于国内外企业公平竞争的良好环境，为战略性新兴产业的国际化发展奠定坚实的基础。同时,《意见》强调了战略性新兴产业的国际化发展,指出要加大财税、金融政策的支持力度,加强和完善产业预警体系的建设,坚决反对并积极应对最近兴起的国际贸易保护主义。

2010年10月18日,国务院发布《国务院关于加快培育和发展战略性新兴产业的决定》,对战略性新兴产业作了明确定义:"战略性新兴产业是基于技术的重大突破和需求的重大发展,引领带动经济社会全局的长远发展,并且物质资源消耗少、知识技术密集、综合效益好的具有较好成长潜力的产业。""战略"和"新兴"是其质的规定,"战略"是对国家层面和全局发展而言;"新兴"是对传统产业和成长阶段而言。《国务院关于加快培育和发展战略性新兴产业的决定》的颁布,标志着这一重大战略部署的正式启动和实施。

一方面,从对国内经济、社会发展的作用来看,《决定》将有助于缓减资源的短缺和约束,从而突破发展的瓶颈,有助于实现经济结构的优化升级和发展方式的重大转变;另一方面,从国际竞争格局来看,这将是在国际舞台进行重新洗牌、实现跨越发展和提升国际地位的重大战略性举措。国务院在关于加快培育和发展战略性新兴产业的决定中说明:战略性新兴产业是引导未来经济社会发展的重要力量。发展战略性新兴产业已成为世界主要国家抢占新一轮经济和科技发展制高点的重大战略。

2011年5月30日,国务院总理温家宝主持召开国务院常务会议,根据"十二五"规划纲要和《国务院关于加快培育和发展战略性新兴产业的决定》的部署和要求,为加快培育和发展战略性新兴产业,特制定了《"十二五"国家战略性新兴产业发展规划》。该规划面向经济社会发展的重大需求，提出了七大战略性新兴产业的重点发展方向和主要任务。之后，全国各省市自治区纷纷开始制定规划，采取措施推进各自的战略性新兴产业的发展。

2. 战略性新兴产业发展的市场导向

（1）战略性新兴产业发展需要技术导向

发展战略性新兴产业究竟是延续过去的老路，走低端加工，还是走技术创新，从高端研发入手？我们认为不能够挂上战略性新兴产业的帽子，还是做简单加工的老路。如果这样，产业控制权还是在海外，解决就业是可以，但对于提高技术和未来产业的主导力来说，没有多大的改进。如果这样，不是说没有意义，只是意义不大。我们在观念上不解决这个问题，那么方向就错了。

目前，我们正处于全面建设小康社会的关键时期，因此，必须严格按照科学发展观的要求，抓住机遇、突出重点、明确方向，加快战略性新兴产业的培育和发展：战略性新兴产业是基于技术的重大突破和需求的重大发展，引领带动经济社会全局的长远发展，并且物质资源消耗少、知识技术密集、综合效益好的具有较好成长潜力的产业，因此，积极培育和发展该产业对我国现代化建设的推进具有重要的战略意义。

培育和发展战略性新兴产业的中心环节是强化科技创新，以提升产业核心竞争力、增强产业的自主创新能力。加快培育和发展战略性新兴产业的具体方法是，完善以企业为核心、市场为导向、产学研紧密结合的技术创新体系，同时充分发挥国家重大科技专项的龙头作用，并结合产业发展规划的实施，实现关键、核心技术的突破，提升产业的核心竞争力，进一步提高创新成果的产业化水平。强调战略性新兴产业发展的自主创新，走产业链价值链高端之路是正确的，但这是产业发展的技术导向。

（2）战略性新兴产业发展的市场导向

产业的发展，理论上是产业资本说了算。产业资本会寻找市场方向。但是我们现在基本是政府说了算。政府要不要？要的，政府来做一些对产业未来、市场前景的规划。但我们的规划有弱点，这个弱点就是对产业未来的市场需求判断比较弱。比如国家在推出七大战略性新兴产业发展规划时，这些产业的市场前景在哪里？不清楚！所以仅仅从技术导向推测产业未来，是不够的。产业要形成产业规模，要让市场导向结合技术导向。政府可以根据技术导向找出方向，至于产业的具体发展，应该让市场力量、产业资本说话。政府可以有一些支持，但不能过分。否则，产业资本的市场导向引导机制就发生变化了。产业资本就会算一笔账，如果我投一笔钱，可能政府的补贴就更多，那么它就会不考虑市场回报可能多少，而是政府补贴能拿多少。由于各地政府还要竞争发展战略新兴产业，给产业成长的补贴层层加码，导致投资看补贴而不是看市场需求的状况，这是一个可怕后果的状况。这背后，实际上是国家的投融资体制问题与产业政策导向问题，这就需要深化改革。

七大战略性新兴产业中，有很多产业产出的是中间产品，比如智能装备产业生产出来的产品必须为其他产业发展所使用。软件也是中间产品，居民会用一点软件，更重要的是工业中要用软件。所以这些产业的产品大部分是中间产品，这些产业的产品市场就取决于其他产业对这个产业的需求。换句话说，其他制造业的需求还没有达到要求有高端智能制造设备的时候，智能制造设备生产出来也没有市场。产业经济学告诉我们，中间产品的市场容量的扩大和其他产业成长状态相关，而其他产业成长状态和我们的消费水平相关。当我们的消费水平还处在比较低等级的条件下，消费类产业总的来说对生产设备的要求就不会很高，对高端装备的要求就不会很多。所以个别战略性新兴产业单项突飞猛进地发展，产能过分地扩张，是有问题的。

再以光伏产业发展为例，为什么光伏产业的国内需求形成不了？有人说这是政府政策问题。但我认为更重要的是产业配套问题，比如我们能够大量生产太阳能电池板，但要广泛安装使用还需要其他的配套设施，如智能电网、上网设备之类是否齐全，是否配套可使用。显然没有这些配套产品以及生产这些配套产品的产业相应的发展，光伏产业发展得再好，产品质量与价格再好，生产出来的太阳能电池板还是没有办法广泛使用。

第三章

欧美发达国家发展战略性
新兴产业的战略与政策

欧美发达国家从20世纪80年代到21世纪的今天，它们走过了从"工业化"到"去工业化"再到"再工业化"这样一个循环的发展过程，符合经济形态螺旋式上升的发展规律。如果说"去工业化"去掉的是低附加值的加工制造环节，那么，"再工业化"实际上是对制造业产业链的重构，重点是对高附加值的战略性新兴产业的发展。

一、美德日等发达国家发展战略性新兴产业的战略分析

1. 美国：以新能源、互联网为核心的战略性新兴产业发展战略

近年来，美国通过多种措施，大力发展新能源、节能环保、新一代信息与网络技术、生物技术、航天航空及海洋等新兴产业，抢占国际金融危机催生下的世界新一轮科技与产业革命的制高点，努力实现宏观经济的战略转型。

（1）催生全新的能源产业

发展新兴产业，奥巴马政府首选新能源产业，主张依靠科学技术开辟能源产业发展的新路径，其"能源新政"要通过大力发展清洁能源和低碳技术，一方面确保美国的能源安全，实现美国"能源独立"；另一方面，通过发展新能源产业实现美国产业结构的战略转型，为长期的经济增长和繁荣打下坚实基础。

新能源革命将成为美国整个工业体系中新的标志性能源转换的驱动力：到2012年美国电力总量的10%将来自风能、太阳能等可再生能源，2025年要达到25%；到2020年汽车

燃油经济标准从现在的每加仑汽油行驶 27.5 英里提高到 35 英里；18 年内要把能源经济标准提高 1 倍，在 2030 年之前将石油消费降低 35%，化石燃料在美国能源供应中的比例将下降到 79%；进口石油依存度将从 2007 年的 58%下降到 41%，天然气进口依存度从 16%下降到 14%。

（2）信息网络产业领跑全球

美国的创新议程提出，要继续支持信息技术基础和应用研究，利用量子计算和纳米电子技术等全新的手段显著提高计算机通信能力。重点是发展下一代宽带网络，以适应 21 世纪商业与通信的需要；普及宽带网络使用，优先使学校、图书馆、医院和家庭广泛接入宽带网络，确保所有公民能够有效利用这个现代化的基础设施并削弱网络提供商的垄断以鼓励创新。

（3）重振制造业，向实体经济回归

重振"美国制造"是美国会两党相对能形成共识的为数不多的领域之一。2009 年年底，美国总统奥巴马发表声明，美国经济要转向可持续的增长模式，即"再工业化"。美国"再工业化"并不是恢复原有传统制造业，而是在新的技术平台上，实现新兴产业发展。为了保障"再工业化"战略的顺利实施，美国政府推出了《美国制造业促进法案》等政策和措施，投入规模达 170 亿美元左右，鼓励科技创新，支持中小企业发展，以"确保 21 世纪仍然是美国的世纪"。

（4）发展生物医疗产业

美国高度重视生命科学的研发，在联邦政府的研发预算中，投入生命科学研发的经费达到民用研发总投入的 50%。

为推动健康信息技术领域取得突破,政府拨款190亿美元用于卫生信息系统的现代化建设。同时,在健康研究方面的投入也扩大到100亿美元。这些措施,都将推动技术创新和医保系统的现代化步伐,确保其在这一新兴产业的领先地位。

(5) 巩固航天和海洋"王者"地位

在航空航天领域要实施新的太空探索计划,研制新一代载人飞船"猎户座"探索飞行器;鼓励各类私人公司建造和发射多种航天器;进一步开展月球、火星和其他星球深空探索;研发即插即用"积木卫星";实施太空武器计划;尽快完成国际空间站建设,并使其使用年限扩展到2016年;切实推动远近地轨道的太空探索,力争在2020年实现重返月球,在21世纪30年代中期实现人类往返火星轨道的目标。在海洋产业领域奥巴马政府提出要大力提高美国海洋产业的国际地位,采用全面、综合和基于生态系统的方法,制定新的有效的海洋空间规划框架,寻求海洋可再生能源领域等取得更多突破。

美国是一个以市场为主体进行主导产业选择与培育的典型国家,是市场主导型产业聚集模式。美国的市场机制比较健全,基本上主导产业各阶段的成长过程都依赖于市场自发完成。但是,在主导产业成长过程中,政府起到关键的作用。首先,通过金融、财政产业等杠杆,美国政府对经济进行整体调节,最终由市场选出最有发展潜力、最有活力的产业;其次,通过与企业、大学签订订货与科研合同,对研究与发展进行大量投资,实现政、学、企三者相结合发展尖端技术的途径。然后,重视尖端技术和强调基础研究,美国一直从多方面扶植尖端工业,根本上是抓教育抓人才;再次,以大学为中心兴办工业园、科技园，以高校的智力资源吸引企业过来，从而使高校的新成果、新知识迅速转化为现实的生产力。著名的硅谷就是围绕斯坦福大学兴建的产业园。

2. 德国："绿色技术""智能制造"为核心的战略性新兴产业发展战略

（1）积极发展再生性能源产业

德国政府制定了国家长期的能源目标：到 2050 年一次能源的总消费量中可再生能源至少要占 50%。为此德国政府大力发展再生性能源产业以替代化石能源。德国政府先后制定了国家经济发展的能源政策，其政策目标包括提高能源效率、发展替代能源、节约能源和保护环境。对于发展再生性能源，德国政府是给予再生能源发电新设备投资补偿，补偿幅度是根据设备投产年度来定，补偿的期限为 20 年，而设备的功率和所使用的原料及技术性能（发电和供暖）决定补偿幅度的大小。其中特别为了鼓励民众使用再生能源，政府对小型设备给予较高的补偿；而为促进企业不断创新，提高这些设备利用率，降低生产成本，政府给予补偿幅度是每年降低的，直至不再补偿。

（2）在机械和装备制造业方面继续保持领先

德国在机械和装备制造领域始终保持领先地位，是因为在产品质量和高端技术方面投入大成效高，用德国人自己的话说，就是在高价值上做文章。未来德国进一步在智能机械、智能装备、智能生产与数字服务方面投入巨资进行研发创新，保持原有的领先优势，使德国制造成为世界最好的制造。

(3) 大力发展 ICT 产业

ICT 产业与互联网技术、信息技术、数字计算技术等密切相关,是未来新兴产业发展的基础性产业,德国把 ICT 产业看作未来非常重要的产业来发展。他们认为,德国 ICT 产业中最有前途的领域是云计算、嵌入式系统和 IT 安全。2010 年,德国云计算市场达到了 6.5 亿欧元,预计到 2025 年,该市场将达到 204 亿欧元(年平均增速为 26%)。嵌入式系统市场增长速度与云计算相比较小,平均增速可能只有 8.5% 左右。2011 年,嵌入式系统市场规模已经达到了 190 亿欧元,那么到 2020 年,这一市场将会达到 424 亿欧元。IT 安全领域在 2010 年的市场规模只有 56 亿欧元,预计到 2025 年将会达到 250 亿欧元。

(4) 2010 年,德国通过了一项"面对消费者"高新技术发展新战略

该战略确定了未来面对消费者五个重要需求:气候变化和能源、卫生和食品、移动性、安全性和通讯。该战略为每一个上述行业需求列出了技术类型和实施创新的基础条件,同时也引入了几项 10—15 年的长期发展项目。例如,致力于发展创新发电技术和二氧化碳分离技术;地球观测、发展高分辨率卫星系统和卫星数据市场推广的技术;基于互联网的知识工程(THESEUS)技术等等。

(5) 创新联盟是促进科技和产业界合作的重要机制

德国政府通过财政资金资助鼓励企业和科研单位结成战略合作关系、建立创新联盟,使创新覆盖整个产业链的所有重要环节。产学研创新联盟的设立可以使创新成果的产业化可能性提高,加上先期与后期的风险资金投入,大大提高中

小企业研发投入积极性。目前，德国已经成立了若干个重要产业领域创新联盟并投入资金：如电动汽车创新联盟、有机发光二极管（OLED）创新联盟、有机太阳能电池（OPV）创新联盟、锂离子电池创新联盟、分子成像创新联盟、欧洲网络技术100GET创新联盟，等等。

3. 日本：以新能源、新材料为核心的战略性新兴产业发展战略

金融危机后，日本在考虑经济振兴与未来发展时特别重视对以新能源、新材料为代表的新兴产业的扶持。

（1）高度重视新能源技术开发

2008年，日本出台了《低碳社会行动计划》，提出大力发展高科技产业，以核能和太阳能等低碳能源为重点发展，为产业科研提供政策支持和资金补助诸如财政关税等。为了根本性地提高资源生产力，《新经济成长战略》提出采取集中投资，使日本向低碳社会和资源节约型社会转型，实施"资源生产力战略"。日本是世界第三核能大国，核能电化率近40%，核能占能源供给总量的15%。日本是世界上太阳能应用技术强国和太阳能开发利用第一大国。根据风力资源极其丰富的特点，日本政府给予补助风电设备，大力支持风力发电，剩余风电可卖给电力公司。

（2）大力发展新兴产业领域

2009年，日本政府公布了到2020年的"增长战略"基本方针，对于额外增长的六大领域应着重拓展：能源及环境、科学技术、医疗及护理、旅游、促进就业及人才培养。此外，宇宙航空、信息通讯、节能和生物工程、海洋开发等

产业也是日本政府发展的重点领域。

（3）用技术创新推动新兴产业发展

2009年，日本出台了为期3年的信息技术发展计划，侧重于促进在行政、医疗等领域的IT技术应用。着眼于2025年，日本在信息技术、工程技术、医药等领域的长期战略方针"技术创新25"制定和实施，通过开放和创新能力的姿态试图给日本经济注入新的活力。

二、美德日在战略性新兴产业发展方面的最新动向

1. 美国方面

2011年2月，美国白宫公布《美国创新新战略：保护我们的经济增长和繁荣》，把发展先进制造业、生物技术、清洁能源等作为美国国家优先突破的领域，位于美国创新金字塔的顶层。

2011年6月，美国总统顾问委员会提出了保证美国在先进制造业的领导地位；奥巴马提出了先进制造伙伴计划，强化在关键产业本土制造能力。

2011年11月，美国制造业协会提出了美国制造业复兴

计划，提出四大目标。

2012年1月24日，奥巴马在第一届任期内最后一次国情咨文中强调，为了让美国经济"持续强劲增长"，需要重振制造业，美国企业应该扭转就业岗位"外包"的趋势，将就业岗位留在美国国内，美国政府将对此提供税收政策等方面的优惠。

2013年，奥巴马连任后的第一次国情咨文继续鼓励制造业回归美国，一方面对回归制造业政府配套提供优惠的税收政策，对企业回归从国外迁移至美国国内所发生的费用给予补贴，另一方面对于把制造业继续留在海外的跨国公司课以重税。

在奥巴马新政的激励下，包括汽车工业、重工业、高科技企业在内的制造业有了回归美国本土的迹象。卡特彼勒正在逐步把制造业从墨西哥迁回美国本土。国家收银机公司

（NCR）在新政的鼓励下将其自动提款机的生产，由中国迁回美国佐治亚州。2012年6月28日，谷歌发布的新款无线家庭媒体播放器Nexus Q的背面印刻着这样一行文字："Designed and Manufactured in the U.S.A（设计并制造于美国）"。美国企业的领军人物苹果公司更是计划在美国本土投资1亿美元，建立Mac电脑的组装生产线。

2012年，美国在俄亥俄州的杨斯敦创造了第一个制造业革新中心，重点发展立体打印技术。

2013年又有三个新的制造业中心开始建造，在这些地方，商业将和国防部以及能源部合作，把被全球化淘汰的区域转变成全球可以提供高科技工作岗位的中心。今后几年，奥巴马政府提议继续建造包括15个类似制造中心的网络，确保下一次建造业革命就在美国发生。

2. 日本方面

2011年，日本政府颁布了以制造业为主要对象，应对日元升值和产业空洞化的《应对日元升值综合经济策略》，强化日本工业产业竞争力。

2013年，安倍政府提出"产业投资立国"的计划，通过货币宽松政策和财政支持带动民间投资，重振日本制造业。

3. 欧盟方面

2011年，欧盟宣布在未来两年内在市场投入2000亿欧元资金，刺激经济发展，重点以贷款和税收支持的方式支持制造业。同时建议对欧洲汽车工业提供50亿欧元的财政支持,重点发展绿色环保汽车。

2012年10月,欧盟委员会发表了《强大的欧盟工业有利于经济增长和复苏》的工业政策通报,确立了欧盟工业的核心地位,提出通过"增强型工业革命"扭转欧盟工业比重下降趋势。

2012年11月,欧盟出台"汽车2020行动计划"。该行动计划鼓励清洁车辆的技术创新,包括减少污染、减少噪声、增加安全性等方面;为发展清洁车辆提供更加公平的市场竞争环境;为欧洲汽车向全球出口提供支持。

2012年12月31日起,欧盟对部分新款公交车和重型卡车执行"欧6"排放标准的法规。由于欧盟在公交车与大卡车技术上一直引领世界标准,其希望借此继续保持汽车产业的优势。

其中英国,2011年,英国发布《英国发展先进制造业的主要策略和行动计划》,对制造业进行重新定位,提出了重振英国制造业的五大策略,并配以七大行动计划。五大策略具体包括,占据全球价值链的高端环节、加快技术创新成果转化步伐、加大对无形资产的投资、帮助企业增加对人才和技能的投资以及抢占低碳经济发展先机。七大行动计划包括,财政拨款支持、投入3000万英镑建立制造业技术中心、通过合作创新培养良好的创新环境、提高地方产业规划和中小企业产品设计能力、对先进制造业员工进行综合技能培训、加强软科学研究并培养年轻一代对制造业的兴趣、以及出台"低碳工业战略"和"国际市场战略"。

法国在2012年2月斥资10亿欧元,建立"工业银行",专门面向实体经济展开借贷业务。2012年5月,法国新设

"生产振兴部"推动新工业化和信息化。

三、欧美发达国家推动战略性新兴产业的政策措施

通过对比美德日近年以来发展战略性新兴产业的政策和措施,可以发现它们的共同点是:

1. 市场导向下的强有力产业扶持是战略性新兴产业发展的必要保证

在其发展初期,战略性新兴产业大多为弱势产业,缺少竞争优势。战略性产业发展面临着各种各样的不确定性,对其投资具有一定的风险性,促使它们快速发展的重要条件是对这些产业进行必要的培育和扶持。目前来看无论是政府主导型经济的日本,还是市场主导型经济的欧美国家,都给予战略新兴产业发展必要的培育和扶持。扶持的重点一方面是对这些产业的技术研发、配套体系建设等的资金投入和人才引进。另一方面是在相关配套政策体系的建立。同时,各项政策、措施有机配合、互相协调,以形成一个完整的产业发展支撑体系。如美国对战略性新兴产业除了政府财政直接投资,还通过税收补贴等手段撬动社会资本,扶植中小企业科

欧美国家的政策共同点

1. 市场导向下的强有力产业扶持是战略性新兴产业发展的必要保证;
2. 拥有自主知识产权的核心技术是战略性新兴产业可持续发展的第一要素;
3. 以新能源和低碳经济为主的绿色经济是战略性新兴产业的重要内容;
4. 信息网络环境建设是战略性新兴产业发展的坚实基础。

技创新;欧盟和日本在发展低碳产业的同时,不仅重视科研计划的制定,还注重机制、法律等的保障作用。形成了国家发展战略到科技研发再到市场应用的完整产业链条,而其中通过市场的培育,逐步让企业成为这些产业发展的真正主体,使之有市场竞争力是关键。

2. 拥有自主知识产权的核心技术是战略性新兴产业可持续发展的第一要素

在金融危机的背景下,不少国家都高度重视依靠科技的引领作用培育和发展战略性新兴产业。如美国国会批准了奥巴马政府2010年财政预算,使2009—2010年联邦科技投入达到GDP的3%,为美国历史上最大的科技投入。根据世界经济论坛的《全球竞争力2010—2011》数据,美国大学与产业界的研发合作在世界排名第一,"2011年技术先锋"企业有半数以上来自美国;欧盟2009年财政预算加大了对科技创新、就业和区域发展的支持力度,根据《欧洲创新记分牌2009》的数据,欧盟27国的创新绩效增长速度为3.17%,远大于美国的1.63%和日本的1.16%。今天谁拥有了自主知识产权的核心技术,实际上就可以成为该产业的领先者,可以成为该产业价值链的控制者,从而使掌控该新兴产业的市场。

3. 以新能源和低碳经济为主的绿色经济是战略性新兴产业的重要内容

面对国际金融危机及气候变迁威胁,欧美发达国家的新兴产业战略都有一个明显的政策导向——以新能源革命和低碳经济为主的绿色经济引领新兴产业发展。这既是国际市场上传统化石能源产品价格高昂压力所致,也是人类可持续发展的客观需要。联合国环境规划署(UNEP)"全球绿色新政"报告研究团队的资料显示,截至2009年6月,全球经济振兴方案中有15.4%的财政支出投入"绿色经济"相关领域。当美国、德国、日本等发达国家比较早地摆脱对化石能源的依赖,转而变为主要使用再生性清洁能源的时候,实际上它们的产业体系、社会结构、人们生活方式等已经发生了重大的变化,使它们拥有了可持续发展的能力。目前实际上发达国家已经开始了谁拥有可持续发展能力的竞争。

4. 信息网络环境建设是战略性新兴产业发展的坚实基础

传统产业的升级和新兴产业的发展都离不开信息网络技

术的强力支撑。美国、德国、日本均高度重视信息网络技术的开发与应用,通过人才、技术、资金多种要素的投入促进信息网络技术与相关产业的融合,智能化生产,清洁能源运用、智慧型城市建设都离不开信息网络技术的发展进步。据统计,信息网络产业对欧盟生产力增长的贡献率达40%,对欧盟GDP增长的贡献率达25%。目前,从产业发展基础看,我国的IT产业与发达国家研发基本同步,并在某些领域形成了一定的竞争优势;从市场容量看,新应用不断涌现,产品升级换代速度加快,互联网日益普及,两化融合持续深化仍将给IT产业带来巨大的成长空间。从产业关联角度看,IT产业与节能环保、新材料、新能源、新能源汽车、高端装备制造等其他战略性新兴产业的关系十分密切。

四、国外战略性新兴产业发展对我国的启示

美国、德国、日本等发达国家在2008年金融危机后,以"再工业化"为口号,大力进行新一轮科学技术与新兴产业投资,希望通过制度政策与资金,使自己国家目前的产业结构有大规模的调整与升级,能够抓住新一轮工业革命的历史机遇,能够在未来的产业体系与全球经济中继续保持竞争力。它们的战略清晰,推进有力,政策设计比较到位,给

了我们深刻的启示，我们必须认真学习思考，设定我们自己的能够后来居上的特别的发展战略性新兴产业的战略与路径。具体来看，以下几个方面是关键的：

1. 发展战略性新兴产业必须因时因地制宜

在不同的经济发展阶段，科学选择和确定未来的新兴产业，以保证经济的长期繁荣发展。在科学选择重点产业和优先发展领域，依据是一个国家和地区的经济发展水平、科技和产业基础等。

现阶段，我国已经确定重点培育和发展新一代信息技术、高端装备制造、节能环保、生物、新能源、新材料和新能源汽车等七个产业。

2. 注重培育完善战略性新兴产业创新链

在我国，由于没有形成一个完整的自主创新链，根本原因是企业技术创新一直相对滞后。由于创新链太长，创新链难以形成，任何一个环节脱节都会导致整个链条的断裂。通过制定完善的政策体系，首要的政策问题是保证创新链各个环节的有效衔接。

3. 尊重市场机制的资源配置功能，合理界定政府职能边界

在新兴产业与新兴技术发展的过程中，由于补偿不足、外部性等问题，市场机制资源配置功能可能"失灵"。当前，各地发展战略性新兴产业的积极性高涨，以政府为核心制定了很多规划和实施细则等措施，忽略或削弱了市场机制

的配置作用。其次，新兴产业发展路径很多，技术路径选择错误成本非常大。在日本和美国的科技发展的模式上，在数字技术和模拟技术研发美国同台竞技，日本重点发展模拟技术研发。虽然日本取得了局部（诸如机器人控制系统领域）的成功，最终数字技术研发取得突破性进展，确定美国在信息产业的成功。以上例子说明，企业是战略性产业发展的主力军，政府的基本定位是催生有效率的企业，促进竞争性市场。

4. 发挥科技金融的资金保障作用

为战略性新兴产业提供有效的金融支持，就需要通过改进信贷管理制度和业务流程，建立适应于战略性新兴产业企业特点的信贷制度，解决战略性新兴产业企业的融资难问题。同时，要通过开展知识产权质押融资、产业链融资等新型融资方式，加大对战略性新兴产业的支持力度；加快完善创业板、场外证券交易等资本市场渠道，通过设立政府创业投资引导基金，引导创业风险投资投向战略性新兴产业领域。

5. 构建良好的政策支持体系

从现阶段国际经验来看，为促进新兴战略性产业发展，许多国家就战略性新兴产业发展关键领域投入大量资金，诸如支撑体系建设、技术研发等方面，其中政府财税优惠政策对战略性新兴产业的推动作用明显。从我国产业发展情况来看，由于发展面临着各种各样的不确定性，对战略性新兴产业投资具有一定的风险性，引导整个社会投入该产业领域，

第三章 欧美发达国家发展战略性新兴产业的战略与政策

特别是民间资本。因此，在发展初期战略性新兴产业比发达国家更需要依靠各级政府在政策、法律和资金等多方面的全方位扶持。

6. 要注重引进培养大批战略性新兴产业人才

目前，吸引和引进大批战略性新兴产业人才是快速满足战略性新兴产业发展需要和进行必要人才储备的快捷方式。吸引和引进人才关键在于留住人才和用好人才。因此，建立战略性新兴产业促进政策体系重点就是要解决如何引进和吸引人才以及如何营造良好发展环境留住和使用好人才等问题。

7. 完善法律监管体系

完善的、持久的贯彻和执行新兴产业的政策执行体系和法律制度，是产业未来发展的重要因素，国外经验已经证明好的法律保障战略性新兴产业的健康发展。因此，在战略性新兴产业方面，建立并完善我国政府的政策执行和法律监管体系，真正做到执法有力、高效监管，不仅是该产业发展的需要，而且还有利于促进整个国家战略性新兴产业的健康发展和我国相关企业的政策调整。

第四章

战略性新兴产业发展的新模式与政策设计

作为一个后起的发展中国家、一个工业化尚未完全结束的国家,却已经面临了新一轮工业革命,面临了如何赶超发达国家的千载难逢的机遇,此时不光是要发展战略性新兴产业来引领现行产业体系与产业的转型发展,而是如何采取跨越式发展使我国真正从工业大国转变为工业强国。那么跨越式发展模式是什么样的模式?

一、战略性新兴产业的发展规律与模式

1. 战略性新兴产业的发展规律

战略性新兴产业的形成和发展究竟遵循什么样的规律？它的动力机制与培育机制在哪里？成长路径和发展模式又是如何？这些是战略性新兴产业发展迫切需要解决的理论问题。国外学者的研究发现战略性新兴产业发展有两个关键要素：一个是技术创新，另一个是政策扶持。Harfield 认为政府在新兴产业发展中起辅助作用，新兴产业的发展更多要靠市场竞争的力量。[1] 与此相反 Lach 利用以色列新兴产业的数据研究发现政府资助刺激了小企业研发投入有利于新兴产业中小企业快速发展。[2] Pohl 探讨了日本产业振兴合作组织（Industrial Revitalization Corporation of Japan）与市场的关系，认为该组织在海洋新兴产业的扩大和再生产方面不能达到预

---

[1] T. Harfield, Competition and Cooperation in an Emerging Industry, *Strategic Change*, 1999, 8 (4): 227-234.

[2] S. Lach, Do R&D Subsidies Stimulate or Displace Private R&D? Evidence From Israel, *Journal of Industrial Economics*, 2002, 50 (4): 369-390.

期目的，强调市场调控的重要作用。① Ellison 和 Glaeser 也指出有利于产业发展的金融、财政、税收政策的引导是保障和促进新兴产业健康发展的重要手段。② Lovdal 和 Neumann 对一些和海洋新兴产业相关的企业进行了调查，结果显示，企业认为能制约海洋新兴产业快速发展以及商业化的因素主要可以分为两大类：一是资金；二是政治上的支持。这两大类的影响因素又可以分为许多方面，其中包括替代品的价格低、生产许可证难以得到、评估系统缺失，等等。③

国内学者对战略性新兴产业发展规律及发展模式的探讨更多是从产业内在要素、机理的分析，探寻产业特殊的发展规律与路径。龚惠群、黄超和王永顺指出战略性新兴产业发展规律主要表现为四个方面：一是战略性新兴产业的成长要基于原始创新，将原创性科技突破的成果转化为标志性目标产品，是战略性新兴产业形成和成熟的重要标志；二是战略性新兴产业的发展要针对新的产品和技术，创立和运用新的商业模式，引导和培育消费需求；三是战略性新兴产业的发展要构建全新技术标准体系，塑造新兴产业业态；四是战略性新兴产业的发展要孕育新的产业创新集群。④ 王新新提出

---

① N. Pohl, Industrial Revitalization in Japan: The Role of the Government VS the Market, *Asian Business & Management*, 2005, 4 (1): 45-65.

② G. Ellison, and E. L. Glaeser, Geographic Concentration in U. S. Manufacturing Industries: A Dartboard Approach, *Journal of Political Economy*, 2010, 105 (5): 23-28.

③ N. Lovdal, and F. Neumann, Internationalization As a Strategy to Overcome Industry Barriers – An Assessment of the Marine Energy Industry, *Energy Policy*, 2011, 39 (3), 1093-1100.

④ 龚惠群、黄超、王永顺：《战略性新兴产业的成长规律、培育经验及启示》，《科技进步与对策》，2011 年第 23 期。

了战略性新兴产业发展的三大动力机制：技术进步、产业结构高级化、改造传统行业。技术进步带来消费需求结构和产业结构分化，是战略性新兴产业发展的直接动力；产业结构高级化利用知识的"共享性"和"溢出效应"提升整体产业的现代化水平，是新兴产业发展的基础动力；改造传统产业推动产业升级，是新兴产业发展的现实动力。[1]包海波也提出了战略性新兴产业培育的三大动力机制：技术研发机制、市场培育机制、制度激励机制；认为技术推动与市场推动是产业发展的两大动力机制，而完善的政策制度体系可以破解产业发展的约束性条件，因此，技术、市场与制度的协

---

[1] 王新新：《战略性新兴产业发展规律及发展对策分析研究》，《科学管理研究》，2011年第8期。

调互动是战略性新兴产业三大培育机制。① 桂黄宝以我国新能源汽车产业为例对战略性新兴产业的成长动力机制进行剖析,提出了战略性新兴产业成长的四大动力机制——创新驱动、政策推动、需求拉动、市场竞争的"四轮驱动模型",并指出创新驱动应该始终处于最重要的位置,与其他动力因素相互配合,共同推进战略性新兴产业发展。②

2. 战略性新兴产业发展模式

国内学者对战略性新兴产业发展模式的研究可以归纳为以下三种模式主张。

(1) 集群发展模式

集群发展模式,即主张通过发展战略性新兴产业集群的方式来形成产业集聚。喻登科等人提出了以集群协同创新的模式来发展战略性新兴产业,形成战略性新兴产业集群,这些战略性新兴产业集群可以采取单核、多核或星形发展模式,并建议不同区域要根据不同产业环境、不同经济发展需求应该做出不同的选择。③ 涂文明也提出了战略性新兴产业的区域集聚发展模式,指出要从国家战略层、区域集聚层和技术—产业层三个层面进行区域集聚,并给出了突破性技术创新驱动型、产业创新战略联盟型和高新技术开发区升级型

---

① 包海波:《战略性新兴产业的理论基础与培育模式研究》,《西华师范大学学报(哲学社会科学版)》,2011年第4期。
② 桂黄宝:《战略性新兴产业成长动力机制分析——以我国新能源汽车为例》,《科学管理研究》,2012年第3期。
③ 喻登科、涂国平、陈华:《战略性新兴产业集群协同发展的路径与模式研究》,《科学学与科学技术管理》,2012年第4期。

三种实践模式。[①]

(2) 产业融合发展模式

产业融合发展模式,即主张战略性新兴产业要与传统产业联动、融合发展。熊勇清、李世才针对我国产业发展目前所面临的传统产业改造升级和战略性新兴产业培育与发展的双重任务,提出了两类产业耦合发展的解决思路,对两类产业间的耦合关系和耦合内容进行了理论分析,并就战略性新兴产业与传统产业耦合发展的主要阶段及作用机制进行了具体研究。[②] 乔玉婷、曾立从经济发展和国防建设,从军队和

[①] 涂文明:《我国战略性新兴产业区域集聚的发展路径与实践模式》,《现代经济探讨》,2012年第9期。

[②] 熊勇清、曾铁铮、李世才:《战略性新兴产业培育和成长环境:评价模型及应用》,《软科学》,2012年第8期。

地方的角度探索战略性新兴产业的发展道路和模式，指出战略性新兴产业的发展要面向民用和军用两类需求，依托民用资源和国防资源，服务民用和军用两个市场，走军民融合式发展模式。[①] 林学军指出战略性新兴产业的发展可以有嫁接、裂变、融合三种方式。[②] 嫁接式是指的新兴产业的发展主要是依靠高新技术，企业进入全新的、独立发展的领域，如20世纪90年代中期嫁接于互联网的".com"这类的网络公司。裂变式即通过高新技术应用于当地的传统产业，在设计、制造或原材料等，产生某个方面的新分工，从传统产业裂变出新的产业出来。融合式指的是高新技术全面与传统产业结合，在设计、制造、原材料、销售等各个方面，全面提升本地区具有优势的传统产业。

（3）创新驱动发展模式

创新驱动发展模式，即主张从技术创新、产品创新来推动产业创新发展。王利政从技术生命周期和技术水平的国际比较优势的视角，分析了在起步、成长、成熟等不同阶段发展战略性新型产业所适宜的模式，同时指出从产业核心技术水平在世界的位置看，战略性新兴产业发展模式可有技术领先的发展模式和技术追随的发展模式进行选择。[③] 刘志彪指出战略性新兴产业应避免成为新的低端"加工制造业"，并

---

① 乔玉婷、曾立：《战略性新兴产业的军民融合式发展模式分析》，《预测》，2011年第5期。
② 林学军：《战略性新兴产业的发展与形式模式研究》，《中国软科学》，2012年第2期。
③ 王利政：《我国战略性新兴产业发展模式分析》，《中国科技论坛》，2011年第1期。

从全球价值链（Global Value Chain，GVC）视角构建了一个基于"链"的分析框架，从产业链、价值链、创新链、服务链和生态链这五个方面，寻求推动战略性新兴产业高端化发展的政策取向和措施。[1] 申俊喜主张当前发展培育战略性新兴产业应当坚持"研发优先，技术驱动"，而非"投资驱动"，以强大的研发能力去支撑核心技术实质性的突破和自主知识产权的获取，才是战略性新兴产业健康成长和发展的关键，并指出要创新产学研合作的组织模式，要根据战略性新兴产业不同发展阶段的特点，明确产学研合作的目标定位与发展重点，而且应该科学地制定战略性新兴产业的技术路线图，增强企业技术创新的积极性和能力。[2]

---

[1] 刘志彪：《战略性新兴产业的高端化：基于"链"的经济分析》，《产业经济研究》，2012 年第 3 页。

[2] 申俊喜：《创新产学研合作视角下我国战略性新兴产业发展对策研究》，《科学学与科学技术管理》，2012 年第 2 期。

二、战略性新兴产业发展的"跨越"式模式

1. 战略性新兴产业发展的跨越式模式

战略性新兴产业发展的跨越式模式,就是通过自主创新直接把握战略性新兴产业的价值链高端,发展附加价值高收益大的环节,形成自己的核心竞争力,从而成为该产业价值链的控制者,同时能够引领其他相关产业转型升级的创新模式,这个模式我们也称之为"三高"模式。这三个高的内涵为:

(1) 产业高新

"产业高新"首先指战略性新兴产业发展以当代高新技术为基础,代表着未来产业革命的发展方向;具体应该有三个方面的特性,第一,所发展的战略性新兴产业在核心技术、关键工艺环节上是高新的,属知识密集、技术密集;第二,通过发展这样的产业具有技术与知识自主创新的能力,而且是国际领先的创造力;第三,所发展的这样的产业具有强大的战略引领性,能够引领其他相关产业技术进步,产业调整升级,产品创新。

[图示:"产业高新"首先指战略性新兴产业发展以当代高新技术为基础代表着未来产业革命的发展方向。产业高新——高技术密集度、高技术创新能力、高战略引领性]

(2) 产业高端

"产业高端"是指战略性新兴产业具有高级要素禀赋支持下的内生比较优势,因此处于有利的产业价值链竞争位置。产业高端的内涵可以从三个方面理解:第一,高级要素禀赋,指要素禀赋从传统的资源禀赋到知识禀赋,而知识禀赋在企业多体现为在核心技术和关键工艺环节有高的技术密集度。如目前 ICT 产业中的云计算、物联网等;第二,高的价值链位势,如制造业价值链形如"微笑曲线",高的价值链位势就是在"微笑曲线"两端,而动态维持高价值链位势需要具有高的自主创新能力;第三,是高的价值链控制力,从在价值链上所处的环节位置判断,实质就是对价值链关键环节——核心技术专利研发或营销渠道、知名品牌等的控制力,高价值链控制力对于产业也具高战略引领性。

(3) 产业高效

"产业高效"是指战略性新兴产业资源配置效率高,具有良好的经济效益和社会效益。产业高效的内涵也有三方面的内容:第一,高的产出效率,如单位面积土地产出效率、人均产出效率等;第二,高的附加价值,如利润率高,工业增值率高,税收贡献大等;第三,高的正向外部性。指产业与环境和谐友好,生产过程产生污染少、符合低碳经济要

(2) 产业高端

"产业高端"是指战略性新兴产业具有高级要素禀赋支持下的内生比较优势，因此处于有利的产业价值链竞争位置。产业高端的内涵可以从三个方面理解：第一，高级要素禀赋，指要素禀赋从传统的资源禀赋到知识禀赋，而知识禀赋在企业多体现为在核心技术和关键工艺环节有高的技术密集度。如目前 ICT 产业中的云计算、物联网等；第二，高的价值链位势，如制造业价值链形如"微笑曲线"，高的价值链位势就是在"微笑曲线"两端，而动态维持高价值链位势需要具有高的自主创新能力；第三，是高的价值链控制力，从在价值链上所处的环节位置判断，实质就是对价值链关键环节——核心技术专利研发或营销渠道、知名品牌等的控制力，高价值链控制力对于产业也具高战略引领性。

(3) 产业高效

"产业高效"是指战略性新兴产业资源配置效率高,具有良好的经济效益和社会效益。产业高效的内涵也有三方面的内容:第一,高的产出效率,如单位面积土地产出效率、人均产出效率等;第二,高的附加价值,如利润率高,工业增值率高,税收贡献大等;第三,高的正向外部性。指产业与环境和谐友好,生产过程产生污染少、符合低碳经济要

求，还有就是对就业的促进和产业链上其他企业的带动作用等。

(4) 跨越式发展模式的内在逻辑和特征

战略性新兴产业高新高端高效的"三高"发展模式，可以从其内涵层面梳理了三条横向对应关系，就是从战略性新兴产业占领高端到实现高效的内在联系和逻辑关系。对这三条横向对应关系的把握可以帮助理解战略性新兴产业发展的目标和实现目标的路径。

高技术密集度—高级要素禀赋—高产出效率。高技术密集度是高新的重要特征，高端则相应的必须以高级要素禀赋为基础（表现为资本密集、知识密集和专业化人力资本）；高效则体现为资源的充分利用，产出效率比较高。高级要素禀赋是产业高端的核心特征。企业掌握核心技术和关键的工艺环节、品牌营销，相应的必须以高级要素禀赋（知识禀赋等）为基础才能实现，高级要素禀赋具有实现高产出效率的前提基础和条件，而且也必须实现高产出效率才能实现产业高效，这也是市场经济下企业经营的主要目标。

高战略引领性—高价值链控制力—高正向外部性。高战略引领性，意味着具有产业发展的前瞻性，能够带动产业的升级和转型；具有较高的价值链控制力，具有一定的价值链治理权；能够发挥知识溢出效果、产业关联带动作用，以及有助于形成低碳、循环经济、环境友好的产业生态系统。高价值链控制力是产业高端的表现特征。高价值链控制力带来的高战略引领性意味着具有产业发展的前瞻性，能够带动产业集聚发展和产业的升级，对价值链的控制意味着对产业的关联带动作用，以及形成和谐的产业生态系统和产业发展环境，也就是产业发展的正向外部性影响，这些也是产业高效的内在要求。

高自主创新能力—高价值链位势—高附加值。高自主创新能力意味着掌握一定的核心技术，具有自主知识产权，并且必须处于较好的价值链竞争位势，才能获得高附加价值。高价值链位势是产业高端的重要判断标准。意味着在关键价值链环节的把握，可以发展出关键技术工艺和供应链品牌环节的优势，这就使产业和企业处于较好的价值链竞争位势，获得高附加价值也就顺理成章，而且也必须转化为高附加价值才能实现产业高效。

通过跨越式发展，希望中国的战略性新兴产业形成在全球价值链控制力、自主创新发展能力及空间集聚发展能力等三个方面均领先的革命性产业，实现从现行产业体系向现代产业体系的全面升级，抓住第三次工业革命的伟大趋势，实现我国经济社会的可持续发展，实现中华民族的伟大复兴。

2. 战略性新兴产业发展目标为：产业国际竞争力

我国战略性新兴产业发展的目标应该是培养这些产业成为我国产业结构调整与升级的战略性引领性产业，成为未来产业体系中主导与支柱产业，同时也能够在未来全球产业体系及全球经济体系中有比较强大的国际竞争力，这样才能够使我国摆脱工业大国而不是工业强国的尴尬状况，才能真正实现中国梦。培养我国战略性新兴产业的国际竞争力，我们认为应该从以下三个方面入手：

(1) 全球价值链控制力

今天来看，一个有国际竞争力的产业不在于它的产业规模，不在于它的资源基础和价值链的长度，而在于我们的战略性新兴产业在全球同类产业中是否控制了关键的价值环

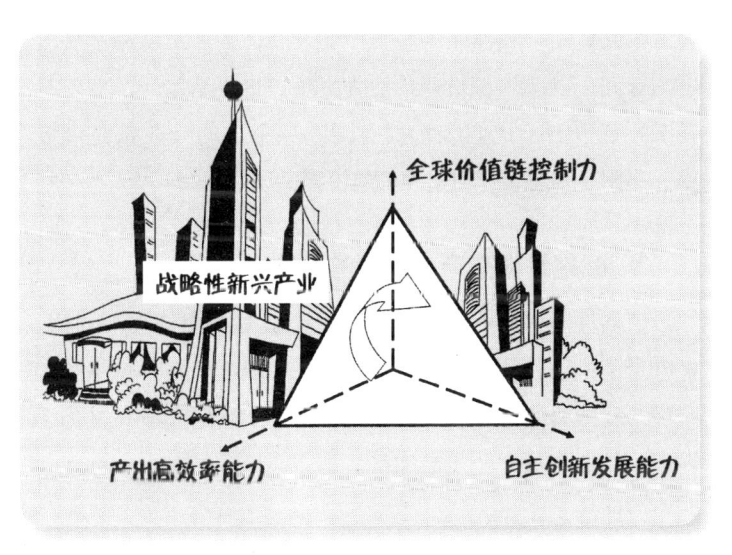

节，如是否掌握了关键核心技术，是否掌控了协作网络，是否代表了产业价值创造的先进商业模式与管理模式。

（2）自主创新发展能力

自主创新发展能力决定了战略性新兴产业能否自主发展的关键，虽然今天的产业发展需要全球国家的合作，不再是独立自主自力更生，但是如果我们在这个产业的关键技术、关键环节、关键产品等方面自己的核心技术核心模式，没有研发创新能力，那么这个产业依然是被人控制的，不是领先型产业。

（3）产出高效率能力

例如我国制造业出口依赖程度比较高，而且主要是制造加工，产品附加价值低，处在价值链的低端，一些传统制造业产业的劳动生产率较低，仅为美国的4.38%、日本的4.37%和德国的5.56%。相反，产业的能源消耗却十分的高。因此，新一轮战略性新兴产业发展，必须是以高产出效率为导向，以高附加价值创造为目标，也正是如此产业才具备国际竞争力，我们所看到有国际竞争力的产业都是高效率、高附加价值的产业，如德国的汽车制造业。

3. 战略性新兴产业发展的主体

战略性新兴产业作为"十二五"规划的重点发展对象，被寄予了推动科技创新、产业转型，实现经济新一轮增长的厚望。我国将战略性新兴产业置于国家战略的高度，是为了在新一轮的全球产业革命和科技革命中抢占制高点，体现了四个方面的意图：

第一，通过战略性新兴产业的发展，整体提高我国的自主创新能力，即把经济发展的模式从长期依靠要素低成本转换到依靠创新驱动的轨道上来。

第二，考虑在中国资源环境约束的前提下，通过发展战略性新兴产业增强可持续发展能力。

第三，国际金融危机之后，我国面临全球性产业结构调整和科技革命的问题。

第四，把战略性新兴产业和传统产业的改造升级结合起来。传统产业转型升级的方向之一便是战略性新兴产业，战略性新兴产业发展提供的产品技术和服务为传统产业的转型升级提供了重要的支撑。

我国的战略性新兴产业发展的主体是企业。相对传统产业来说，民营企业在战略性新兴产业中的生存空间更大。从我们对七大战略性新兴产业调查分析的结果来看，我们可以看出，民营企业占了沪深市战略性新兴产业上市公司的比例

近一半，尤其是民营新一代信息技术产业与节能环保产业。通过以上分析我们可以看出战略性新兴产业民营上市公司发展的现状成果：产业迅速成长，门类不断增多；产业创新能力不断提升，竞争力增强；部分产业规模优势明显，具有一定的竞争力。

然而，战略性新兴产业的"战略性"地位，决定了国有企业必须在这一领域有所作为。国有企业拥有强大的资本实力，先进的创新科技。虽然我国战略性新兴产业民营上市公司发展迅速，但目前仍面临着一些制约企业发展的因素：一是资金短缺，在产业化的各个环节，缺乏资金支持；二是新兴产品和服务成本偏高；三是基础设施不完善；四是创新能力有待进一步提高；五是高素质的人才资源匮乏。诸多瓶颈问题使战略性新兴产业民营企业的生存和发展空间受到了较大的限制。因此，不仅需要市场的力量，还需要政府为战略性新兴产业民营企业创造宽松的政策环境，并提供研发资助、激励性补贴等支持。

三、战略性新兴产业发展的政策创新设计

1. 发展战略性新兴产业过程中政府的角色

战略性新兴产业关系国家大局，政府在发展战略性新兴产业过程中究竟应该扮演怎样的角色是一个非常重要的问题。战略性新兴产业的发展，现时完全靠市场的话，发展会比较缓慢，但也不能说完全不能发展。因为战略性新兴产业现在市场需求相对较小，而短期投入要求可能较大，所以政府可以做一些支持和补贴。不过，怎么样进行补贴？这就值得研究了。

我们过去的补贴和支持，我认为可以称之为招商式的补贴和培育产业规模的补贴，即为了把投资项目招过来，就给企业土地优惠、财税优惠等。其次，为了培育企业产出规模，比如企业投资多少，政府给多少补贴，企业产能扩大多少，给企业多少优惠。

政府目前基本采取这两种方式进行战略性新兴产业的培育。这两种方式有没有优点？首先的优点是招了商，引进了投资，可以拉动 GDP 增长，也解决了劳动力就业甚至成为将来的政府的税收来源。其次，企业规模形成了，税收增加

了、就业问题也解决了、当地 GDP 也扩大了，对当地的城市发展、经济发展、社会发展都有益。由于这两个优点，地方政府一般都采取这种措施。但是如果所有地方政府都这样做，该战略性新兴产业很快就会产能过剩，光伏产业就是前车之鉴。

所以，战略性新兴产业发展政府扶植的政策要改变，不应该再去做所谓产能扩张的补贴。产能扩张的问题要和市场挂钩。应该把战略性新兴产业产能扩张的补贴改变为培育战略性新兴产业市场的政策。例如，美国政府在光伏产业上也有扶植政策也有政府补贴，但不是把补贴给生产光伏电池的企业，而是给消费者。你买了太阳能电池安装在家里，政府给你所得税的抵扣，于是消费者愿意去买了。更多的消费者去买太阳能电池，这个市场需求扩大了。市场需求扩大后，能不能扩大产能，企业自己可以根据对市场需求的判断来决定产能的扩大与否。又比如智能装备生产出来没人要，怎么办？那就补贴买智能装备的企业。用好了，给你一点补贴。我们的政府过去是把钱直接补贴给生产企业，于是这些企业拼命扩张产能，市场需求对他们反而不重要了。

目前各地政府都在大力推进战略性新兴产业的背景下，各地都有补贴，如果谁改变了原有的补贴方式，会不会导致政策洼地的出现？我认为不会。反而是先改革者有先发优势。即便是光伏产业，改成像美国的补贴，居民购买、使用光伏电池以后，政府给一定的补贴。这样补贴之后，市场需求就大了。市场需求规模越大，光伏企业进一步发展的可能就越大，市场充分竞争还能更好地提升产品与服务质量，而且长期来看，这才是培养这个产业国际竞争力的关键，国际竞争力是在国际市场中竞争才能真正培养起来，从来没有通过政府的不断补贴有国际竞争力的产业可以持续发展的。当然，我们还可以设计其他的补贴政策。比如光伏企业，它如果能够在市场卖掉一个产品，政府就补贴一些成本。那样的话，企业就有一定动力去开发市场提高服务质量，结果也把企业的市场竞争力培育起来。

2. 推动战略性新兴产业发展的公共创新服务体系

在全球科学技术革命迅猛发展、科技与经济一体化进程不断加快的今天，战略性新兴产业的发展与创新活动已不仅仅是单纯的企业化行为，而是需要政府推动和引导的职能化、社会化行为。政府的培育和扶持已是战略性新兴产业快速成长的必要保证。国内外开展平台建设的实践证明，公共创新服务平台充分利用了现有和潜在的技术及产业基础优势，实现技术创新资源的整合集成，促进了产学研的紧密结合，搭建了企业创新支撑环境，有助于实现关键核心技术的突破，有利于促进创新驱动与产业的结合。因此，技术创新服务平台建设应当也能够成为政府引导扶持战略性新兴产业发展的重要抓手。

战略性新兴产业发展需要公共服务平台的支撑。在新一代信息技术、新能源、新能源汽车、新材料等领域的一些关键技术环节，仅靠一两家企业是很难取得突破的，要整合各部门现有的资源，加大财政资金对新兴产业自主研发创新的支持力度。要通过建设公共技术服务平台，对开放式、专业化共性技术研发予以资金补助。要建立健全以企业为主体、产学研紧密结合的创新机制，调动社会力量创新、创业的积极性。

（1）公共创新服务平台是支撑关键核心技术突破和提升企业技术创新能力的有效载体

公共创新服务平台是产业层面上技术创新资源系统集成和共享的网络化支撑体系，是技术创新链上各环节信息和资源交汇、流动的纽带，是产学研各方围绕产业关键核心技术的突破等重大目标开展长期战略合作的载体。公共创新服务平台建设有助于解决资源分散、共享不畅、公共产品供给不足等实际问题。在战略性新兴产业不同的发展时期，公共创新服务平台都将发挥重要的作用。

在战略性新兴产业培育阶段，产学研各方可以采取契约联合的形式，依托公共创新服务平台整合各方创新资源进行联合攻关，通过信息化手段实现创新过程中实时交互，采取共享机制有效降低创新风险、节约创新成本，为核心关键技术的突破奠定基础。

在战略性新兴产业的发展壮大阶段，公共创新服务平台一方面通过服务网络开展对成熟适用共性技术及产品的扩散推广，加快战略性新兴产业的产业化速度；另一方面为广大企业提供设备仪器、产品检测、信息检索以及人才培训等公共服务，支撑企业专有技术的研发，整体提升企业自主创新能力；与此同时还可以收集凝练分析企业需求，为政府出台相关产业政策和支持措施提供决策依据。

（2）公共创新服务平台建设是发达国家培育发展战略性新兴产业的重要形式

主要发达国家都已经从多方面对战略性新兴产业的培育发展给予积极支持。尽管国外并不一定明确提出"公共创新服务平台"的概念，但相类似的政策理念早已被发达国家运用到政府对战略性新兴产业的扶持措施当中。

例如，1994年以来，韩国政府为支持生物产业发展，逐渐形成了一个由政府部门、中介机构、科研机构、企业和投资机构组成的推动生物产业发展的网络支撑体系，包括科研支撑体系和生物技术成果转化服务体系等。2005年，为帮助企业应对经济和社会的重大挑战，进行有目标、有针对性的技术创新，英国技术战略委员会（Technology Strategy Board，TSB）启动了创新平台计划。借助创新平台，英国技术战略委员会广泛邀请来自产业和政府的利益相关者参与，分析未来的需求，确定平台支持的新兴技术和新兴产业（Emerging industry），以应对环境污染、能源短缺、交通问题以及人口老龄化等社会重大创新问题，同时开拓新的市场。

实质上各国通过公共创新服务平台的建设与功能的发挥，一方面可以降低企业等研究机构各自建设研发平台的费用，提高企业等机构创新和研发的积极性，另一方面也可以通过公共创新服务平台集聚众多为了同一目标研发或创新的机构或企业在平台上共同合作，提高效率多出创新成果。公共创新服务平台的服务水平与效率已经是各国政府在建设公共创新服务平台时的重要目标，也是为了适应新技术新兴产业发展的内在要求，实践证明，有效的公共创新服务平台非常有利于创新的开展，有利于创新成果的产出，对战略性新兴产业的自主创新与发展提升有重要的作用。

3. 政府对现有产业转型的政策思路

目前，虽然我们大力发展战略性新兴产业，但我们现有的传统产业尤其是传统制造业遇到了极大的困难，产业过剩、产业结构低端化，成为当前经济发展中的关键问题。为此，我们需要通过发展战略性新兴产业来带动传统产业的转型升级，这方面也需要政府做很多的工作。那么政府对我国传统制造业转型究竟应该起到什么作用？是一个大问题。我国的市场不成熟，这个几乎可以断定。从逻辑上来讲，市场不成熟状态出现的话，政府就应出面干预了。问题在于"干预什么？怎么干预？干预的范围和干预的层面，什么才算是合适的，什么是不合适的？"从这个意义上来讲，美国的做法我们可以借鉴和考虑。

在这方面，美国政府的具体做法是——政府不明确具体的产业选择。虽然美国提出"再工业化"，但是产业选择实际上是不明确的，因为政府想让市场去发挥功能，而不是政府去替代市场做出决定。从政府层面来说，把制度搞好、完善市场、使其更透明化。美国政府目前做四件事：一是提供制度环境。二是提供能够保护私人财产和促进有效竞争的法律体系，这不仅是单单颁布几个法律，要让大家认识到这个法是要执行的，认识到有很高的违法成本。三是支持基础研究，提供平等的教育机会，加强人力资源的开发。研究开发、培训教育有很大的外部效益。四是政府不是要做所有的事情，但是要把做的事情做好。

看来，产业结构转型升级，制造业转型升级，政府应该更多的要考虑我国产业结构调整、制造业转型升级的制度设计问题。改革开放三十多年我国所取得的经济与制造业发展巨大成绩，本质上是制度改革与市场机制建设的结果。今天我国制造业的转型与发展要成为先进制造业，从某种意义上来说，我们应该认真地思考先进制造业的发展背后的制度环境与政策环境是不是需要进一步地改善，我认为这是最关键的。我们现在提倡发展服务经济发展现代生产服务业，重要的不是数据上的提升，而是服务业的水平和效率应该达到发达国家水平，能够推动制造业转型升级。我国产业结构转型升级、制造业转型升级的基本对策有以下几方面：

（1）更大胆地进行创新的制度建设和知识产权制度的改革

前者的关键在于创新激励机制能否建立。现在很多个人的发明创造，发明者所在的单位都会声称这是发明者的职务发明，此时如果要去开个公司单位虽然不出资就要求占大头，而发明者辛辛苦苦只拿小头，如此创新者的创新动力就不足。经济学告诉我们，只有创新者分享到了创新带来的红利，才能有更大的动力投入下一步创新，要形成正向的反

馈。我国的知识产权保护今天需要更准确的界定和更严格的执法，例如在国外很多商业模式都是可以申请专利，而国内的定义是很狭隘的。我们写的文章是应该受知识产权保护的，这和专利是一个性质，但是现在作者们的著作在网上随便下载现象很严重，如此谁还肯创新创作呢？

(2) 进一步深化教育制度改革，有效使用人才资源

这个非常重要。现在的教育分两块，一块是普通教育，一块是职业教育。美国的普通教育很强，大学教育很强，不过它的职业教育没有德国好。我们常说德国制造非常精良，原因就在于它有一支庞大的熟练技术工人和工程师队伍。我们现在还有谁想当技术工人呢？孩子们都想去银行工作。职业教育做不好，我国制造业升级肯定做不好。教育是一方面，另一方面是如何做好产学研合作，有效融合最大限度使用好人才资源。2011 年美国在产学研协同振兴制造业，有效使用人才资源合作创新方面推出一项重大举措，即"高端制造合作伙伴"（Advanced Manufacturing Partnership，AMP）计划。该计划由道氏化学公司和麻省理工学院共同领导实施，而非政府部门直接负责实施，主要致力于四方面的工作：建设国家安全关键产业的国内制造能力；缩短先进材料从开发到推广应用的时间；投资新一代机器人；开发创新型的节能制造工艺。

(3) 支持制造业转型升级，特别支持新制造模式创新

我国实体经济发展，应该是发展的未来在价值链上有控制力，占据附加价值高端的制造业。我们应该抓住新一轮工业革命的历史机遇，从现在主要依赖于发达国家产业体系，进行创新变革，使我国未来的制造业应该成为产业价值链上

的领导者，成为真正的工业强国。如此，今天我们就应该围绕这个目标进行制度改革与政策设计，要支持我们的企业去争取价值链的控制权。比如一个企业从前没有品牌，现在开始打造品牌，有点起色，那么我们可以考虑帮助它，让它逐步超越国外品牌。政府优惠政策导向应该是引导企业大胆创新，引导企业是围绕大规模定制化生产方式展开，开展新制造模式创新，进行商业模式创新。应该要有一个新的更有效的评估机制，有一系列产业的专业委员会，让资深的专家和行业人士参与评价，甄选被支持企业，使之成为未来具有国际竞争力的创新企业。

（4）迅速完善我国的创新服务体系

我们国家一直提倡自主创新，这是对的，也开始有了政府支持的公共创新服务平台，比如生物医药行业中的检测检验机构、孵化器、公用的实验装备等都是其中的要件。但是据我们调研，这些公共创新服务目前存在效率不高、不方便、服务不到位的情况，其中信息文献共享方面的问题尤其突出，各个单位都有数据库但是不连通，检索很不方便，加上我们的互联网速度慢，使得我们搜寻信息与文献的成本非常高，浪费了许多宝贵的时间，阻碍了知识积累与知识创新的效率。所以在面对新一轮工业革命，如何把我们的公共创新服务体系建设成一个有机的体系，让用户感到使用很方便，成本也低，就成为一个关键的问题。今天我们已经进入了速度经济时代，速度决定了创新竞争的成败，决定了在新一轮工业革命过程中在未来全球产业新分工体系中我们将会占据什么样的位置。